学校カウンセリングの基本技法

長坂　正文

ほんの森出版

はじめに

本書は、カウンセリングに関心のある先生方、実際にカウンセリングを実践していらっしゃる先生方、あるいは、現在活躍されているスクールカウンセラーや心の教室相談員の方など、学校という場におけるカウンセリングに関係するすべての方に、実際に役立つという観点からまとめたものです。

難解な専門書や理論書ではなく、また、単なる経験を披露しただけの実践書でもなく、カウンセリングの基本的なところを押さえながらも、理論や実践に裏打ちされた、実際に役に立つものを目指しました。

それで、本書の中心は、目次をご覧になればおわかりのように、学校カウンセリングで役立つ種々の「技法」となっています。したがって、どこからでも、ご自分の興味のあるところから読んでいただいて結構です。ただし、本文中で「クライエント」とありますのは、場合によって、「子ども」「親」「担任」と読み換えていただければ、と思います。

また、学校でありましても、カウンセリングの専門性を意識する観点から、あえて「クライエント」という言葉を使用しました。ここには、筆者なりのこだわりがあります。

学校におけるカウンセリングは、教師の熱心さ（もちろん、熱心さは大切ですが）だけではどうにもならないことが多く、場合によっては、かえって問題をこじらせてしまう危険性もあります。そこで、教師であっても、単に熱心さだけで頑張る相談とは一線を引いた、問題に効果的に対処できるカウンセリング、つまり「治療的カウンセリング」を身につけることも大切であると思います。

さて、筆者は、高校の相談室を担当する、いわゆる〝教師カウンセラー〟です。これまで、学校という場において何ができるのか、何をする必要があるのか、という実際的な意識をもってカウンセリング活動をしてきました。一方、子どもの問題は、いじめや不登校にとどまらず、複雑化、多様化してきております。そこで、このような問題の解決には、単に、数あるカウンセリング理論の学校への輸入ではなく、学校という独自の場に根ざした、実際に役立つ「学校カウンセリング」論が必要とされていると痛感します。ところが、そのような本は現在のところ皆無である、というのが筆者の印象です。

従来、「学校教育相談」という類の本はずいぶんたくさん出ておりました。そこに、文部省によるスクールカウンセラー事業が始まり、「学校カウンセリング」という表題の本がにわかに登場してきたように思います。しかし、それらの多くは、学校外部に所属するカウンセラーや大学の先生による論であったと思います。確かに、言われていることは正しいのですが、あまりにも専門的過ぎたり、隔靴掻痒の感があったり、じゃあ学校現場で具体的にどうするのかということが今一つ明確でなかったり、といった印象でした。

そこで、前述のように、筆者は、実際に教育現場の関係者に役立つという観点から、本書をまとめたつもりで、具体的、実際的です。特に本書は、教師カウンセラーが行う「治療的カウンセリング」を意識しております。教師カウンセラーとしての専門性をも視野に入れているからです。その意味では、このような種類の書は、これまでほかにあまりなかったであろうと思います。ここに、本書を世に出す意義もあろうかと思います。

本書では、筆者が現在考えるところの「学校カウンセリング」について、具体的な技法を中心として、歴史、定義、意義、理論、問題をお話ししていきたいと思います。もし、読者の方で、はじめの歴史やら理論やらを退屈にお感じになれば、IIIの「技法」からお読みいただいて結構です。筆者としましては、「学校カウンセリング」を展開するにあたって、歴史や理論も欠かせないと考えておりますので、多少のとっつきにくさを覚悟の上で、ここに収録しました。

本書が、本書を手にされた先生方のお役に立つとともに、今後の学校カウンセリングの発展に少しでも寄与できましたら、筆者としてもうれしい限りです。

平成十二年三月

著者　長坂　正文

目次

Ⅲ　学校カウンセリングの技法

IV 学校カウンセリングの問題点

V まとめと三つのレベル

I

学校におけるカウンセリングの最近の動向

1　これまでの教育相談の流れ

学校には、いじめや不登校の問題を初めとした多様な子どもの問題があり、その効果的な対応が求められています。これまでその対応の一部は、熱心な教師による教育相談（カウンセリング）という個人的努力にも任されていました。しかし、そのような人が学校内で孤立したり、「変人」扱いされたりと悲しい状況もあった（現在もある）ようです（私は大丈夫でしょうか?）。

一方、昭和五十年代より「カウンセリング・マインド」なる言葉が登場し、「いつでも、どこでも、だれでも」（東京都教育委員会）と言われ、すべての教師がカウンセリング（の考え）を学び、あらゆる教育活動のなかに生かすべきと言われてきました。

確かに、その考えには筆者も共鳴できるところもありますが、これはあえて「カウンセリング」と言わなくとも「教育」そのものの機能ではないかと思われますし、「カウンセリングとは何か、何ができるのか」という、カウンセリングの固有性が曖昧になったような気がします。

その後、初期の「クリニックモデル（学校のなかに相談室を作りそこでカウンセリングする、つまり専門機関のまねをしたモデル）」の反省のもと、「予防的・開発的カウンセリング（問題を未然に防ぐ、健康な子どもの可能性をより伸ばすこと）」が大切であると強調されてきました。

しかし、このモデルは、学校固有のモデルであるため、まだまだ理論も実践も途上ですし、なによりも、今現在問題を抱えた子どもに対してどの程度効果があるのか疑問です。また、近年、いじめはますます深刻になり、不登校は、子どもの数が減っているにもかかわらず増加するという現象を食いとめることもできていません。

スクールカウンセラーは救世主？

そこで、このような状況に業を煮やした文部省は、対応策として平成七年度より「スクールカウンセラー活用調査研究委託事業」を実施し、スクールカウンセラーの活用の効果を検討してきました。このなかで、文部省は、スクールカウンセラーを学校における「救世主」となる期待を、密かにもっているのではないかと思われます。実際にその報告（例えば、文部省、一九九七、村山正治・山本和郎、一九九八）を見ますと、概ねこの事業が成功している様子がうかがわれます。

しかし、学校側には、当初、スクールカウンセラーが「黒船説（突然開港（校）をせまる）」「落下傘説（突然空から降ってくる）」などの過激な言葉で例えられたことがありましたように、学校とは異質のものが侵入してきたという防衛的、被害的な印象もあったようです。

ところが、事業が始まりますと、どの報告も〝よかった〟ばかりです。〝さすが、専門家〟〝役に立った〟〝視野が広まった〟などの記述が目にとまります(もちろん、実際には〝困った〟〝役に立たない〟など否定的な評価も耳にしますが、まず紙面には載りません)。このような評価からは、スクールカウンセラーはもはや「黒船」でも「落下傘」でもなく、「救世主」であり、まるで「降臨」したとでも言えそうです。

しかし、本当にスクールカウンセラーは「救世主」なのでしょうか? これでよかったのでしょうか?

筆者が恐れるのは、「おんぶにだっこ」で、学校が子どもの問題をすべてスクールカウンセラーに頼りきってしまい、自ら子どもの問題にかかわっていこうとする意欲を放棄してしまうことです。

もちろん、そこは、賢いスクールカウンセラーですから、教師への援助である「コンサルテーション」中心の活動をすることで、このような弊害をなくそうとしてきました。

しかし、どうでしょうか。二年間の実施の結果、教師に自主的に子どもとかかわっていく意欲が身についたでしょうか。たとえそのようなことがあったとしても、意欲を「焚きつけられた」だけで、早々と(二年間で)教師はスクールカウンセラーから見放されて、どうしていいのかわからずで、かえって混乱を招いてはいないでしょうか。

専門家、文部省はかつて教師をどう見ていたか

かつて専門家は、〝学校の教師は閉鎖的であり、少し勉強して専門家気取りで勝手にカウンセリングをしてもらっては困る、子どもの問題をこじらせるだけだ〟という批判的な意見をもっていた（現在もある）と思います。ところが、スクールカウンセラーが学校に入ることにより、〝まずは、子どもにかかわるのは教師であり、専門家は間接的に援助する〟というように、視点がずいぶん変わってきたような気がします。

一方、文部省（一九八一）の『生徒指導の手引き（改訂版）』によりますと、「第2章　生徒指導の原理」のなかに〝治療的な援助〟と〝開発的な援助〟の両方を必要とするという記述があります。また同「第7章　教育相談」には〝学校における生徒指導としては、この二つの調和を図って進めることが必要である〟とあります。

つまり、文部省としては、この「治療的な援助」の部分も教師に期待し、数々のカウンセリング研修を実施してきましたし、「学校におけるカウンセリングの充実」を奨励する通達を度々出してきました。

しかし、ここにきて、「スクールカウンセラー」といい、あるいは「心の教室相談員」（平成十年九月より実施）といい、学校現場の意見を十分に吸い上げてこれらの事業が始まったというより、文部省が教師カウンセラーの育成に痺れを切らして、独走的に始めたとい

うニュアンスを感じるのは筆者だけでしょうか。これらの、専門家と文部省の不穏（?）な動きを、教師カウンセラーとして、どのように受けとめればいいのでしょうか。

2　教師カウンセラーとして何ができるか

　このような動きに刺激され、教師カウンセラーは、自分は「ただの教師」なのか、「心理臨床の専門家としてのカウンセラー」なのか、などそのアイデンティティが揺さぶられているのではないでしょうか。

　そこで、結論から言いますと、理想的には、教師カウンセラーが、確固とした教師カウンセラー固有のアイデンティティを確立することが必要となってきます。つまり、教師カウンセラーとしての「専門性」を身につけることです。そのためには、相当の力量をつけて、また、学校カウンセリング独自の理論を構築することが大切です。

　実際に、教師でありながら「心理臨床の専門家」としてのアイデンティティをもつ方が近年増えてきました。「臨床心理士」や日本学校教育相談学会の「学校カウンセラー」、日本教育心理学会の「学校心理士」、日本カウンセリング学会の「認定カウンセラー」などの資格をおもちの方も相当数います。ただ残念なのは、これらの資格をもっていても、現在のところは何の身分保証もなく、カウンセリングを担当する上での軽減措置などもほとんどありません。しかし、確実にこれらの方がカウンセリングの実力をつけてきていることは確かです。

一方、理論面でも、従来から借物でない学校カウンセリング独自の理論を構築する必要性が叫ばれてきたと思います。ここにきて、やっとその具体的な動きがみられるようになってきました。

例えば、筆者の敬愛する、大野精一氏の『学校教育相談―理論化の試み』(一九九六)であり『学校教育相談―具体化の試み』(一九九七)です。筆者も、微力ながら、これまでの経験を踏まえて、学校カウンセリングの諸問題を「学校内カウンセリングの諸問題―教師カウンセラーの立場から」(一九九八b)で、また、学校現場における問題行動のなかでもっとも数が多い登校拒否への対応の仕方を、「登校拒否事例への訪問面接の方法と問題―構造論的観点からの検討」(一九九六)で、さらに筆者ら教師カウンセラーのグループの実践事例を『学校教育相談事例研究』(愛知学校教育相談事例研究会、一九九七)や『教育臨床事例研究』(愛知教育大学教育実践総合センター、一九九九)でそれぞれまとめ、公表してきました。

今後、このような教師カウンセラーによる、実践に裏づけられた理論化の試みが増えていくよう期待しています。

もちろん、教師カウンセラーといっても、専門性を意識したり、理論化を意識したりする方ばかりとはかぎりません。そのような志向をもちながらも、まずは、教師カウンセラーができるカウンセリングを探り、実践していくことが大切でしょう。この時、「治療的カウンセリング」という言葉が登場することになるものと思います。詳細は次の章に述べることになります。

3　まとめ

これまで、学校カウンセリングの歴史を振り返ってきましたが、筆者は、カウンセリング・マインドや予防的・開発的カウンセリングは重要ではないとか、スクールカウンセラーが必要でないとか言っているわけではありません（と言いながら批判的なニュアンスが感じられたかもしれません）。むしろそのようなもののもつ意味を積極的に認めた上で、あえて、教師カウンセラーが行う「治療的カウンセリング」に意義を認め、ここに焦点を当ててみたいと考えています。

II　学校カウンセリングとは

1　学校カウンセリングの定義

さて、従来、「学校カウンセリングとは何か」という定義が曖昧なまま論じられていることがあります。

筆者は現在、学校カウンセリングを、カウンセリングの「深さ」というレベルから分類をしています。まず「カウンセリングマインド」は、担任を初めとした全教師が身につけるべきもので、カウンセリングの考えを教育活動のなかに生かすことを言います。

その次のレベルに「学校教育相談」があり、これは相談活動であり、一部担任も担当するでしょうが、中心は教育相談係・養護教諭です。内容としては、「傾聴」「助言」というものが中心でしょう。

そして、次のレベルの「学校カウンセリング」は、ある程度専門性をもち、内容は「種々の技法を使う」「構造を意識する」「心理テスト」「遊戯療法」など、さらには「見立て」「中核葛藤」「転移・逆転移」などが扱える人もいるでしょう。担当者は、専任・兼任の教育相談係や養護教諭のほか、通級教室担当、いじめ・不登校対策教員、特殊学級担当などです。なかには、学校外部の専門家と同等の力量を備え、自分なりのスタイルをもち、学会や専門誌へ事例発表、研究発表ができる人もいます。

ここでは、学校カウンセリングを、〝カウンセラーとして専任あるいは兼任の教師（教師カウンセラー）が学校内（訪問面接も含む）で、生徒、親、担任に対して行う治療的カウンセリングやコンサルテーションである〟と狭義に限定して考え、これを「治療的学校カウンセリング」とします。

これは、学校カウンセリングを広くとらえて述べようとすると、どうも「治療的」な部分の意義が薄められてしまうと思うからです。

なぜ治療なのか

いきなり「治療」という言葉が飛び出し、まだ戸惑っている方もおられると思います（実際、筆者も初めの頃はこの言葉に抵抗がありました）。しかし、「マインド」も「相談」も、もちろん大切な機能ですが、「カウンセリング」を考えた場合、筆者は、「治療」というものを視野に入れないわけにはいかないと考えています。

筆者は、なにも大上段に構えて「大」治療を行おうと言っているわけではありません。治療「的」と言っていますように、教師カウンセラーができる「治療的カウンセリング」の効用と限界を知った上で、これを身につけることが大切と考えているのです。

理由は簡単です。ニーズがあるからです。必要性もあります。それは、教師カウンセラーが力量をつければつけるほど、明確にわかるようになるものと思われます。

メリットはたくさんあります。第一に「早期発見・早期対応」「危機介入」ができることです。問題が深刻にならないうちに解決に至ることが多くあります。第二に「見立て」をより正確にし、「適切なかかわり」ができること。熱意だけでかかわっては問題をよりこじらせることもあります。第三に、治療的カウンセリングの力量に裏づけられた、「コンサルテーション」や「親面接」ができることも挙げられます。「一緒に困る」というレベル以上のサービスが可能です。

専門機関の治療とどう違うのか

では、学校における「治療的カウンセリング」は、病院などの専門機関の「治療」と同じでしょうか？

筆者は、当然異なると考えています。まずは、「構造」が異なります。学校という、生徒にとっての日常の時空間のなかにありますし、役割にしてもまったく教師性を排除した関係はありえないでしょう。特に時間は、回数が限られますので、これを見据えたカウンセリング、クライエントのニーズに応じたカウンセリングが求められます。

次に、「技法」が異なります。専門機関で行われている種々の技法をそのまま用いることは、学校カウンセリングではなかなか馴染まないでしょう。例えば、精神分析の技法を身につけて、そのままカウンセリングをすることは、多くの場合、クライエントに負荷をかけ過ぎ、中断するか悲劇的な結果を迎えることになるでしょう。したがって、種々の技法は、学校カウンセリングに馴染むようにそれぞれ工夫する必要があります。

もう一つ、「目標」が異なります。専門機関では、問題の根本的な解決が目標とされると思います。しかし、学校カウンセリングでは、時間的な制約もあり、問題の一時的な解決（ひと山越えたところ）や、学校生活への適応という目標も無視はできないでしょう。あるいは、生徒の健康度に支えられて、問題を抱えていられることが目標となることもあると思います。

2 教育相談とカウンセリング、それぞれの専門性

先述の大野氏（一九九六）は、「教育相談」について〝九八パーセントの生徒の軽い悩みに対して短期間面接でどう答えるか〟が重要であるとしています。この「軽い悩み」には、友人関係を始め、進路や学習の相談など、つまり「学校心理学」（石隈、一九九五）でいう幅広い支援が含まれると思われますが、これまで教育相談係の先生だけでなく、担任の先生や、養護教諭がすでに対応されてきました。

しかし、そのためには、単なる熱意だけでは心許ないので、カウンセリングだけでなくて、進路や学習に関する幅広い知識が必要と考えられます。大野氏には、「教育相談」につ

いて、何をどのようにするのかを明解に整理され、従来の枠組みを越えて、「教育活動」や「コミュニティ」という観点も含めたトータルな論を打ち出していただいたと思います。筆者の理解では、大野氏は、ここに教師カウンセラーとしての専門性を求められたものと思います。このようなお考えに筆者は敬意と賛意を表します。

しかしながら、筆者の立場では、既に述べましたように、「教育相談」と「カウンセリング」を明確に区別し、「カウンセリング」により専門性（大野氏とは異なる）、治療性を考えています。つまり、筆者としては、残りの二パーセントの生徒が非常に気になるのです。問題が「重い」生徒に対して、学校は、教師カウンセラーは何ができるのでしょう？

単に、外部専門機関を紹介するということでよいのでしょうか？　あるいは、手に負えないとして放置されるのでしょうか？

もちろん、そんなことはないでしょうし、実際問題として、ある程度はかかわらざるをえないでしょう。たった一人の生徒のために大変な思いをするということも起こります。また、「軽い」相談と思われるなかにも、実は深刻な問題（例えば、病理とか、性格のゆがみ、過去の心的外傷体験など）が隠れていることもあります。

このような場合、生徒の表面的なところだけでなく、内面的なところ、つまり、「心」「無意識」といわれるものにつき合っていく必要が生じます。そうすると、臨床心理学、カウンセリングに関してより専門的な知識と技術が求められることになりましょう。そのような専門性がないまま、ただ熱意だけで生徒にかかわっていくのは危険であると思います。

少数の迷える生徒を救う専門性

実際に、二パーセントの生徒にどうかかわるのかという問題は大切であると思います。専門機関を紹介しても、すぐに行ってくれるとは限りませんし、初期対応が重要ということもありましょう。このような時は、教師カウンセラーが覚悟を決めてかかわりをもつことも必要かと思います。

教師だから治療的にかかわってはいけないというのではなく、各自の力量に応じて、また、学校カウンセリング独自の「構造」の特徴を踏まえた上でかかわりをすればよいのではないでしょうか。

実際に、筆者は毎年二十〜三十人の生徒（延べ二百五十回程度）に対し、治療的カウンセリングを実施しています。また、他の学校の先生からコンサルテーションを依頼される事例は、当然、問題や病理性が高く、治療的なかかわりを必要としています。

このあたりのところを、大野氏も「治療的学校教育相談をめぐって」（一九九八）のなかで、〝治療的なかかわりといった時に、それはすべて専門機関に任せて、学校教育相談の対象外だとしてしまうのではなく、専門機関は専門機関としてのかかわり、学校は学校としてのかかわりがあるということを踏まえて、自分たちの今の力量を計りながら、具体的なかかわり方を工夫し、現実的な判断をしていくことが必要です〟と述べられ、また、〝治療者としての心理臨床学的なかかわりや医学的なかかわりではなく、教師としての治療的学校教育相談のアプローチこそ確立しなければならない〟としています。

したがって、先述のような種々のサービスを含めて、学校における治療的カウンセリングの工夫をするためには、教師カウンセラー固有の専門性を確立する必要があるのではないでしょうか。

3 三大理論を学ぶ

それでは、いよいよ、筆者の考える学校カウンセリング論を具体的に展開していきたいと思います。

まず、何をもって学校カウンセリングの理論として学べばいいのか述べます。これを整理することは、多くの教師カウンセラーの方に、一つの方向性を示すものとして大切ではないかと思います。

筆者自身について紹介しますと、筆者は学生のころよりユング（あるいは河合隼雄）の理論を学ぶことが多かったと思います（大学、大学院、病院とすべてユング派の恩師に指導していただきました）。それで、ベースにはユング的な考えがあります。したがって、夢、箱庭、コラージュなどイメージを扱うことが多いわけです。

しかし、実際の面接場面では、主にロジャーズ的なスタイルで臨んでいます。また、ある時、問題の深いクライエントを理解したり、どうかかわるのかということに、自身の限界を感じて精神分析的なトレーニングを一定の期間受けました。したがって、クライエントの理解と、技法としての「解釈」などに役立てています。

これら三つの大きな理論は、学校カウンセリングを考える時に必須であると思います。どの理論をどの程度学ぶかは、各自の好みと、どの先生に指導を受けることができるかという偶然のチャンスと、各自の遭遇するクライエントのレベル、またそうやって各自がつけた力量に応じて学べばよいと思います。

ロジャーズの「非指示的療法」「来談者中心療法」は、学校カウンセリングに限らず、ほとんどすべてのカウンセリングにおける基本となっています。特に、学校カウンセリングで遭遇するクライエントは、健康度が高く、問題も比較的軽微なことが多いわけですから、この理論だけでも相当有効であると思われます。

フロイトの「精神分析」や、そこから派生した「対象関係論」は、難しいクライエントにかかわる時必要となってくるでしょう。学校カウンセリングの特質上、純粋な「精神分析」を実施する必要はないと思います。「中核葛藤」「防衛機制」「転移・逆転移」「投影同一視」「対象」「対象恒常性」「ホールディング」などが、しっかり理解できていれば十分ではないでしょうか。

ユングが問題です。学校カウンセリングのレベルを考えますと、ユングのオリジナルの考えを理解する（原著を読む）よりは、河合隼雄氏の多くの著書を読んで理解したほうがよいと思います。「可能性（曖昧なもの）」を大切にし、一見ネガティブなものにポジティブなものを認めていくとか、あるいは「相補関係」をみていく態度は、学校カウンセリングに生かせるだけでなく、学校教育の一面性を補うという意味でも有効だと思います。

しかしながら、実際に、ユングの理論をどう生かすのか、具体的な技法として何をすればいいのか、非常に曖昧でわかりません。そこで、ユングの理論は、カウンセラーのセンス（感性）を磨くのに役立つと考えてはどうでしょうか。したがって、河合氏が推薦するように、昔話や神話を読んだり、研究することも役に立つと思いますし、「箱庭」「夢」「イメージ」「象徴」などに親しむことも（それを実際のカウンセリング内で利用するかどうかは別としても）大いに意味があるでしょう。

その他の理論

さて、このほかの理論をみていきますが、現在の日本のカウンセリングの指導者的立場にある國分氏は、早くから「折衷主義」を提唱しています。國分氏（一九九〇）は折衷主義について、〝能動的に働きかける技法になじんでいる〟ことが必要であるとし、〝具体的には少なくとも来談者中心療法、精神分析的カウンセリング、行動療法的カウンセリングの三つには偏見なしになじめるようにしたほうがよい〟としています。

次に、「短期療法」「時間制限心理療法」「ブリーフサイコセラピー」について触れておきます。これらは、従来の精神分析が余りにも時間とお金がかかり過ぎるという批判から生まれました。そこで、初めから十回とか十二回とか、面接の回数を明らかにし、その限られた回数のなかで「中核問題」を出させ、カウンセラーとの分離を経験させるという意図があります。

学校カウンセリングでも、数回の面接回数の事例が相当数あると思います。実際、筆者の経験でも、面接回数が五回以内の事例は約半数が該当します。したがって、このような視座は相当有効であると考えられます。

次に、論理療法について触れます。論理療法はアルバート・エリスが提唱し、イラショナルビリーフ（非論理的信念）を変えることにより、葛藤を解消することをねらっています。日本には、國分氏などにより翻訳紹介されましたが、カーカフの「ヘルピングの心理学」を経て、近年、学校現場でもその実践をする方が出てきました。

確かに、学校カウンセリングの対象となるクライエントは一般に健康度が高いため、イラショナルビリーフの是正で問題解決に至る事例がありましょう。しかし、その場合でも「対決」ということではなく、根底には深い「受容」が必要でしょう。また、筆者の経験ですと、「治療的学校カウンセリング」としてかかわった生徒の約二、三割は、神経症以上の重い病理をもっていますが、ここに論理療法が有効かどうか不安も感じます。

III

学校カウンセリングの技法

では、いよいよ学校カウンセリング論を具体的に展開し始めるわけですが、本書の中心となる技法をお話ししていきます。

実は、何も特別な技法などを紹介するわけではありません。皆さんがすでに知っている、あるいは聞かれたことがあるものを、筆者なりに整理して提示する程度かもしれません。しかし、それぞれについて、できるだけわかり易くお話しするとともに、具体的なイメージが湧くように事例も取り上げて、さらに、筆者独自の考えも盛り込んでいきたいと思います。

一応、筆者が大切だと思う順に述べていきますが、もちろん、どこから読んでいただいても結構です。読者の皆様が、それぞれについて、より理解を深めていただけることになればと願っております。

1 構造

なぜ構造なのか。構造とは

まず初めは、「構造」についてお話しします。

よく耳にすることに、「教師が行うカウンセリングは無構造（だからだめ）だ」、という批判があります(例えば、長尾、一九九一)。また、これは筆者がどこかで聞いた事例ですが、ある熱心な先生は、一人の生徒と毎日空き時間にかかわった（これは時間的に「無構造」と言えます）結果、生徒を負担に感じ突き放さざるをえませんでした。

どうして、このようなことが言われたり、起こったりしてくるのでしょうか？　どうもここから考えられることは、「構造」というものが、学校カウンセリングを考える時のキーワードとして重要ではないかということです。

筆者は、「構造」は、治療的学校カウンセリングにおける、アルファでありオメガであると思います。「構造」が程よく守られる限り、教師カウンセラーであっても、ある程度の治療的カウンセリングが可能であると思います。

逆に、「構造」が守られない場合、治療的カウンセリングは難しく、先ほどの先生の例のように、熱心さがかえって仇となってしまうこともあります。

ではいったい、「構造」とは何なのか、ということを明確にしておきたいと思います。

一般的には、学校の先生方には、「構造」という概念が理解されているとは思われませんが、いかがでしょうか。

「構造」とは、精神分析における用語の「治療構造」のことです。それは、一言でいえば、「面接を構成するさまざまな条件」のことです。この「構造」によって、カウンセリングは規定されています。例えば、相談室での面接と職員室での面接は、当然雰囲気などが異なり、生徒に与える影響が異なるということは容易に理解できます。

具体的には、『精神医学事典』（一九七五）によりますと〝①外面的構造としては、a治療者・患者の数と組み合わせ（例：個人精神療法、集団精神、複合精神療法）、b場面の設定（例：面接室の大きさ、一対一面接、同席面接、合同面接）、c治療者・患者の空間的配置（例：対面法、背面法、仰臥法、90度法、180度法）、d時間的構造（面接回数、時間、治療期間）、e治療料金、f通院か入院か、などをあげ、②内面的構造としては、a治療契約、b面接のルール、c秘密の保持、d拘束制度、e禁欲規則、など〟とあります。

筆者の考える構造

筆者は、ここで、このなかから、「外（面）的構造」として「面接場面の人数」「場所」「時間」を、「内（面）的構造」として教師カウンセラーの「態度・役割」「秘密の保持」を取り上げたいと思います。筆者の考えでは、主にこれら五つの条件により、学校カウンセリングは規定されると思われます。

例えば、「相談室で、週一回一時間、カウンセラーという役割で、教師カウンセラーが生徒と二人で面接するという構造」が設定されたとしますと、このような「限定された枠組み」があるからこそ、教師カウンセラーも生徒も、お互いに安心してかかわりを継続することができます。限定されているからこそ、生徒は自分を出し過ぎたり依存的になり過ぎたりすることがありませんし、教師カウンセラーも、大変な生徒に何とかかかわりを継続することが可能となります。

この意味では、「構造」は、二人に対して「守り」として働きます。ここを、一般の先生方は、なかなか理解できずに、「構造化された関係」を「冷たい関係」ととらえがちです。「熱心さ」でかかわれば、生徒に全力投球して、毎日でもかかわるべきではないか、と考えてしまうのです。しかし、最初に紹介した事例のように、「熱心さ」がかえって仇となることもあります。

カウンセリング関係は、友達関係とも、親子関係とも異なります。そのような一心同体のような親しい関係とは違う、役割に基づいた「冷たい関係」なのですが、実は、その背後にはクライエントを思う「温かい」気持ちが流れているのです。

外的構造（時間と場所）

筆者は、かつてある事例研究会で発表された四十事例についてその「構造」を検討したことがありますが（長坂、一九九四）、「場所」については約三分の一しか構造化されていませんでした（つまり、相談室なりの一定の場所ではなく、職員室であったり、教室であったりする事例が多い）。また、「時間」についてはわずか四例のみが一定時間に構造化されただけでした。ここから、一般に、学校内のカウンセリングでは、面接が構造化されることは少なく、困った時にそのつど、その場で対応するという形式が多いということがわかりました。

「構造」を守るというのは、学校という「日常空間」のなかで、カウンセリングを行う「非日常空間」を保証するということです。これが保証されて初めて、生徒は内的な問題を語るようになると思います。

筆者は、面接を原則として週一回一時間、相談室でと構造化しています。したがって、相談場面以外でクライエントの生徒と会っても、話はしませんし、こちらからは挨拶もしません。もちろん、生徒から挨拶があれば返しますし、アイコンタクトをお互いがする場合もあります。

これで多くの場合可能ですし、それができない場合は少しずつ構造を柔軟にして、何がそうさせているのかを検討することが必要だと思います。それによって、クライエントの理解と、クライエントとカウンセラーの関係の理解が深まるのです。

ただ、筆者の経験によりますと、学校カウンセリングの「構造」は、あまり厳密すぎてはいけないような気がします。ある程度、ゆるやかに考えないとクライエントとのカウンセリングの関係が切れてしまいます。特にこれは、「時間」について言えます。生徒の都合で時間を変更したり、短くしたり、来室しなかった場合、翌日にまた設定するなどの工夫が必要かと思います。

もちろん、無制限にクライエントの都合に合わせる必要もありませんし、先述の教師カウンセラーは構造に甘いということからも、時間の変更はほどほどにして、時間を「守る」

「切る（延長しない）」ということを大切するように強調しておきます。

また、「場所」の問題として、相談室の運営の仕方も考慮しなければなりません。概して、相談室は敷居が高いので、そのため、いろいろなニーズの生徒が気楽に利用できる工夫が必要でしょう。例えば、筆者は、相談室に進路資料や貸し出し用の本を置いたり、性格検査や箱庭が実施できるようにしています。このような「開かれた相談室」として運営していると、カウンセリングの対象となる生徒も比較的利用しやすくなると思います。また、そのためには効果的なＰＲ活動も必要かと思います。

したがって、学校カウンセリングの「構造」としての相談室は、ただ部屋があればいいということではなく、そこに治療的機能を働かせるためには、教師カウンセラーの不断の努力があって初めて可能なのだと思います。ここが、専門機関と異なるところです。専門機関では、治療的カウンセリングは当然ですし、その場に自主的に来談する人だけを対象とすればよいのですから(したがって、クライエントが休んだから、都合が悪いからといって、こちらから連絡するとか、時間を変更することはまず行われません)。

面接場面の人数

「面接場面の人数」とは、カウンセラー側とクライエント側の人数と組み合わせのことです。これも、「外的構造」に入りますが、原則的には、カウンセラー一人とクライエント一人の組み合わせが望ましいと思います。これは、二人の間に適度な親密感がもてるため、安定した関係が「守り」としては働くためです。

ところが、学校で行われる教育相談は、カウンセラー側が複数（例えば、担任の先生と相談係）であったり、クライエント側も複数（例えば、生徒と親）であることもよくあるようです。

これでは、だれもが他の人に気を使って、自分の思いを十分表現できないということになり、安定した、安心感のもてる関係は経験できません。

少し補足します。学校では、親子同席の面接がよく行われると思います。しかし、二人同時に相手では、どちらに対しても中途半端にしかかかわれないでしょう。もし、親面接が必要な場合は、子どもの了解を取って、子どもとは別時間に設定することがよいと思います。

内的構造

先の「外的構造」に対して、「内的構造」には、教師カウンセラーがクライエントに示す、カウンセラーとしての「態度」があり、「役割」があります。

筆者は、教師カウンセラーがカウンセリングを実施する時は、自身を「カウンセラー」という役割に徹することが大切と考えています。教師というペルソナ（役割）を取り払い、

「斜めの関係」であることが肝要なのです。先生方のなかには、「友達」になったり、「親代わり」になろうとしているように見受けられることがあります。これでは、「いい関係」はできるでしょうが、生徒の依存性を高めることとなり、問題解決に至るのは困難となることが多いでしょう。

もちろん、そのようなべったりの関係であっても、それによって生徒が支えられ、問題を一時的にしのいだり、解決に至るということもありえます。しかし、それはたまたまなのであって、そのやり方が他の事例にも通用するという可能性は低いでしょう。

このような、「非日常的な役割関係」を保証するところに、教師カウンセラーとしての意味があって、クライエントの膠着した状況に刺激を与え、そのカウンセリング過程が深まっていくのです。

しかし、理屈ではカウンセラーという立場・役割に徹することが大切と理解しても、実際には、〝カウンセラーであろうとしても、つい教師性が出てきてしまう〟とか、〝(自分を)カウンセラーというには自信がない〟〝こんなことをやっていていいのかどうか〟と思い悩むことでしょう。

そして、自分が〝カウンセラーなのか、教師なのか〟というアイデンティティに揺らぐのです。どうでしょうか、〝私はカウンセラーです〟とはっきり人に言える教師カウンセラーが何人いらっしゃるでしょうか？

このように教師カウンセラーの内心がぐらぐらと安定感を欠いていては、カウンセリングにマイナスの影響を与えてしまうでしょう。もちろん、安易にカウンセラー気取りになってしまっても困ります。したがって、この「曖昧性」のなかから教師カウンセラーとしての固有のアイデンティティを形成していくことが必要かと思います。またそのような「曖昧さ」に耐えること自体が、教師カウンセラーを謙虚にさせ、カウンセリングを実践する活力につながっていくとも言えるのではないでしょうか。

また、問題なのは、ある場面では教師として「指導」しなければならないことと、「寄り添う」カウンセリングとの矛盾を、どう考えるかということです。この葛藤に苦しむ人は多いでしょう。まずは、校務分掌上の「指導」的な仕事はできるだけ外してもらい、教科指導のなかの「指導」に限定してもらえればよいと思います。そして、教育場面では教師として、カウンセリング場面ではカウンセラーとしての、それぞれの役割をしっかりと切り替えることができるようになることが大切です。

秘密の保持

もう一つ、「内的構造」で大切なものが「秘密の保持」です。これは、カウンセリング場面で表現されたクライエントの言動を他の誰にも（担任の先生や親にも）知らせずに、クライエントのプライバシー、秘密を守るということです。

これもうまく機能している場合は、クライエントの「守り」となっています。しかし、学校では、特に担任の先生との連携なしでカウンセリングを進めることは難しいので、概して、連携という美名の下に、「秘密の保持」がなし崩しになってしまっていることが多いように思われます。これは、教師カウンセラーが一人でその「秘密」を抱える「覚悟」の問題でもあると思います。

詳しくは、後に「連携」のところで触れることになります。

まとめ

以上、構造を「外的構造」と「内的構造」に分けてお話ししてきたわけですが、この両方が整えば、カウンセリングに二重の安定感（物理的安定感と心理的安定感とも言える）を与えることになり、相乗的な効果を生み出すものと考えられます。筆者の考えでは、この「構造」の有無が、「（治療的）カウンセリング」と「（単なる）相談」を分けるとも言え、「構造」を守るということと、教師カウンセラーのカウンセリングの力量は並行していると思います。

これから、「聴く」「受容」「共感」についてお話ししたいと思います。これらは、いわゆるロジャーズの「来談者中心療法」の基本技法ですが、すべてのカウンセリングの基本でもあることに誰も異論はないと思います。しかし、多くの教師カウンセラーが、まずこの基本を十分に自分のものにする必要があるのではないかと思われます。基本であるからこそ奥が深いとも言えます。

2 聴く

学校カウンセリングにおいては、何といってもまず「聴く」ことが大原則です。子どもの話を「聴く」こと。そんなことは、なにもカウンセリングと言わなくても普段から行っている、とおっしゃる方がいるかもしれません。しかし、本当に、十分に、聴けているでしょうか?

では、まず「聴く」とは、どういうことなのか考えてみましょう。

「聴く」と「聞く」は違うとよく言われます。「聞く」は、ただ音が耳に入ってくるという意味であるのに対して、いっぽう、「聴く」は、カウンセラーが積極的な関心をもちつつクライエントの言葉を聴くということです。さらに、もっと深いレベルの「聴く」となれば、クライエントの言葉の本当の意味、つまり「心の声」を聴くということになります。

では、どうして聴けないのでしょうか?

一般的に、教師は、普段から教えることに専念していますので、「話す」ことは得意なのですが、「聴く」こと(あるいは「聞く」ことさえ)は苦手です。教師カウンセラーにも、同様の傾向があるように思われます。

どれだけクライエントの話が聴けているでしょうか。クライエントの話を十分聴けずについしゃべりすぎて、例えば、〝それは、○○ではないですか〟と早急に言ったり、〝それは、あなたの思い過ごしでしょう〟と断定的に言ってみたり、〝こうしてみてはどうですか〟と親切に助言を与えてしまうことが多いような気がします。あるいは、クライエントが沈黙がちの時、その沈黙に耐えられなくて、何か言わないといけないような気になって、つい、どうでもいいようなことを言ってしまわないでしょうか？

これらの教師カウンセラーの能動的な介入（もちろんすべていけないというのではありません）によって、面接が教師カウンセラー主導的になり、面接を方向づけることになってしまいます。すると、クライエントが本当に表現したいことが、十分表現できないということが生じてしまいます。

では、これらはどうして起こってくるのでしょう？

それは、教師カウンセラーが、自分のペースで喋らないと不安になって耐えられないからでしょう。つまり、教師カウンセラー側の「不安への耐性」の問題であると言えます。

例えば、クライエントに沈黙されていると、何ともいいようのない漠然と不安を感じるわけです。そこから逃れるために、教師カウンセラーのほうから何でもいいから喋ってしまうのです。

どうすれば聴けるか

では、教師カウンセラーは、どうしたらクライエントの話が十分聴けるようになるのでしょうか？

まずは、とてもユニークな方法をご紹介します。

薮添隆一氏（一九九二）は、「学校カウンセリングの特殊技法」として、「ドライブ法」なるものを提案されています。これは、教師が運転する車の助手席に子どもを乗せて、そこでカウンセリング（？）をする方法です。教師の注意が、前方、信号などに向いているので、子どもの話を〝へえー〟〝ほー〟という相づち程度で聞くことができます。これで、子どもと教師の話のバランスがちょうどよくなるというわけです。

なんだか、冗談みたいな方法ですが、よく考えてみると、教師カウンセラーというものは、それだけのハンディ（クライエントの話を聴けないという）を初めから背負っている、ということを自覚すべきでしょう。しかしながら、この「ドライブ法」では子どもの話を「聞く」ことにはなっていても、とても「聴く」ことにはなっていないと思います。

では、教師カウンセラーとして、クライエントの話を「聴く」にはどうしたらいいでしょうか。

まず、お勧めしたいのが、「待つ」ことです。クライエントが、何か述べたことに対して、すぐに何かこちらもコメントしたくなるでしょうが、そこをぐっとこらえて言葉にせずにとりあえず「待って」みる。すると、クライエントのほうが、またさらにクライエント自身の言葉を継いで、自由連想的に話が始まります。

具体的なテクニックとしては、「うん」「それで？」という言葉や、クライエントの言ったことの「繰り返し」などで反応するということが有効でしょう。

テープレコーダーに録音すること

この「聴く」を具体的に体験的に学習したい方は、まず自分の面接をテープレコーダーに録音（できればクライエントの許可をとってください）し、それを元に逐語録をおこしてみることがいいと思います。

すると、いかに自分が、クライエントの言うことを聴いてないかということが、よくわかるでしょう。できれば、クライエントと自分の喋る割合を出してみてください。それが五対五以上に自分が喋る割合が多いならば、残念ですが、その方は教師には向いているかもしれませんが、カウンセラーにはとても向いていません。

筆者の経験と考えでは、その割合は、七対三か、八対二程度がよいように思います。九対一以下ですと、クライエントが一方的に喋って、カウンセラーは聴くだけになってしまいます。これでは、多くの場合クライエントは聴いてもらうだけ（したがって問題解決は望めない）という感じが次第に強くなって、やがては面接が中断するかもしれません。

また、逐語録からは、普段気づかない自分の「癖」を知るというメリットもあります。筆者の経験を少しお話ししますと、普段の面接では、ずいぶん自分は「はい」を多用すること、またよく笑うということ（へらへらしているようで、自分がいやな気持ちも多少感じました）に気づきました。このようなことは、普段はなかなか意識できないものです。

3　受容と共感

「受容」と「共感」は、基本中の基本ですので、いまさらあえて述べることもないような気がしますが、筆者なりの理解をここに整理しておきます。

まず、「受容」とは、クライエントを偏見なく「そのまま」をみていこうとする態度です。一見、簡単なように思えますが、ところがこれが結構難しく、非行や病理に対してはつい先入観をもってしまいがちですし、性格的な癖のようなものでさえ、「そのまま」受けとめることは難しいものです。

例えば、〝そんな考えはおかしいのではないか〟と指摘し、非難したくなったり、逆に、クライエントの「そのまま」を「受容」できない自分はだめだと、自分を責めることになりがちです。

いっぽう、「共感」は、クライエントの気持ちに対して、カウンセラーが自分を関与させて、つまり、他人事として冷たくみるのでなく、まるで自分のことのように感じるよう「努力する」ことであると思います。特に、ネガティヴな気持ち、怒り、恐怖、不安、苦しさ、やるせなさ、生きにくさなどに対する共感が重要となります。「努力する」と書きましたが、ここにポイントがあります。

カウンセラーの「受容」「共感」がうまく働いている時、クライエントは〝理解してもらえた〟と感じ、それだけでクライエントのなかに、人生に対する肯定感と勇気が湧いてくるのだと思います。

百パーセントの受容・共感はありえない

しかしながら、「受容」できているかどうか、「共感」できているかどうかを、一つひとつ細かくチェックすることは、あまり意味がないと思います。

先ほど、テープ録音について触れましたが、同じようにテープに録音して応答を細かく検討したり、事例研究で〝ここは受容できていない〟〝共感できていない〟などと指摘することは、あまり意味がないように思います（もちろん、本質的なところでの指摘ならば意味がありますし、必要です）。所詮、人間であるカウンセラーが他人のことをわかろうとしているわけですから、百パーセント「受容」「共感」することは不可能ですし、カウンセラーのなかに、どうしてもクライエントを「受容」「共感」できないところが生じても、それはしかたのないことだと思います。

しかし、もし、大体において（まあ半分くらいでも）「受容」「共感」できればよいですが、少しもできない時はどうしたらいいのでしょうか？

この場合は苦しいですね。苦しいながらも、それでもやはりカウンセリングする意味があると思うことができれば、続けてもよいかもしれません。しかし、場合によっては、正直に、〝私では、あなたの役に立てる力がないと思うから〟と話して、他のカウンセラーを紹介することも必要でしょう（すると、クライエントのほうは、却って理解されたと感じて、カウンセリングの継続をお願いすることになるかもしれませんが）。

要は、「受容」「共感」しようとカウンセラーが「努力している」ことと、それがクライエントに程よく伝わることが大切なのだと思います。

受容と共感の留意点

「受容」「共感」に関して、老婆心ながらいくつかの留意点を述べておきます。

まずは第一に、「うん」「はい」と熱心に受容していると、そのことが、クライエントの言っていることに賛成してくれた（認めてくれた）と受け取られることがあるということです。

そこで時には、〝あなたの言っていることはわかります〟〝あなたが言いたいことは……ですね〟と、わざわざ冷静に言語化してみます（言っていることは理解できるが賛成しているわけではない、というニュアンスを込めて）。すると、それが、クライエントにも二人の距離を適当に意識させることになると思います。

第二に、しかし、場合によっては、クライエントが過敏に反応して、〝本当にわかるんですか〟と突っ込んでくることがあります。つまり、こちらに「怒り」「攻撃性」を向けてくるわけです。クライエントにしてみれば〝こんな苦しさ、つらさをそんなに簡単にわかるはずがない〟という思いがあります。

こういう時は、筆者は素直に謝ってしまいます。〝申し訳ないが、本当のところはわからないかもしれない。しかし、わかるように努力はしているつもりです〟と答えるでしょう。また、このようなクライエントからの攻撃性が、面接の度に徹底的に表現されたらどうでしょうか？

この場合、受容、共感は相当難しいかもしれません。筆者の経験ですと、その攻撃性を受けとめながら、それに「耐えて生き残る」ことが大切です。カウンセラーはそのような攻撃性にさらされて、傷つきながらも、クライエントとの関係を維持できると、このことに支えられてクライエントも安定していくことができます。

第三に、教師カウンセラーによく見受けられますが、「共感し過ぎてしまう」という問題があります。

そのような人は、感受性が強く、また多くの場合、自分自身も過去に何らかの傷ついた経験があるため、クライエントの問題がまさしく自分自身のことのように感じられ、冷静ではいられなくなってしまいます。そして、自分自身の生活にもその影響がまともに出てきて、情緒的に不安定になってしまいます。

これでは、いわゆる「ミイラ取りがミイラになった」状態と言えましょう。「共感」できる感受性はすばらしいのですが、一方で、冷静に判断できることも必要です。要は、この両者（「共感」と「冷静さ」）のバランスや切り替えが大切なのだと思います。これができるということが、教師カウンセラーの専門性なのではないでしょうか。

4　わかる

では次に、「わかる」と「表現する」についてお話しします。こんなのが技法かと、驚かれる方がいるかもしれません。しかし、これらは、筆者の考える「治療的学校カウンセリング」の、中級レベル以上の技法であると思っています。

実は、これら二つは、教師カウンセラー（筆者も含めてですが）が非常に苦手とするところです。そのため、何がなんだか「わからない」ままカウンセリングを続けていたり、「わかった気になって」いたりすることがあります。また、何を、どのように、どの程度「表現する」かという問題は、難しく、デリケートです。

何をわかることなのか

まず、「わかる」とは、クライエントについてわかることです。つまり、クライエントの抱える問題、葛藤、問題の発生機序、生育歴、防衛機制、病理、精神発達レベル、健康度、自我の強さ、独特の思考や感性などについて、わかることです。これらは、精神医学や心理療法の専門領域では、「診断」「見立て」「アセスメント」と言われています。

では、これら全部についてわからなければいけないかというと、もちろんそういうわけではありません。筆者の経験によりますと、学校カウンセリングの場合、クライエントの抱える「問題」がある程度正確に把握でき、その「病理」の可能性を検討できることが必要です。ここで「問題が深刻」であったり「病理性が高い」とわかれば、クライエントを外部の専門機関につなぐようにします。

逆に、「問題」がある程度わかり、深刻な「病理」が否定された時、学校カウンセリングの対象となります。あとは、そのクライエントにどのようなカウンセリングができるかを判断するために、クライエントの「自我の強さ」を検討することも必要でしょう。この結果により、自我が強ければ「探索的なカウンセリング」(カウンセラーの介入により、内面に目を向いてもらって、内省、気づき、洞察を目指します)を、自我が弱ければ「支持的なカウンセリング」(現実の適応を第一に考え、探索的な介入を控え、共感、評価などでクライエントを情緒的に支えます)を、それぞれ行うことになります。

ここで、「わかる」ということについて考えさせられたある事例を紹介します。これは、筆者がどこかで聞いた事例です。

ある教師カウンセラーの方が、「不登校は健全な閉じこもりなので、熱心にかかわれば必ず再登校できる」という持論をもっていらっしゃいました。もちろん、その方は、これまでこの持論に従ってかかわり、多くの不登校の生徒を再登校へと導いた経験がありました。ところが、ある不登校の事例に対してこれまでと同じように熱心にかかわっても(頻繁に家庭訪問をされたようです)、なかなか閉じこもりの状態が改善できませんでした。そこで、二年後に病院につれていくと、分裂病だからもっと早く来るべきだったと言われました。

この場合どう考えたらいいでしょうか?

この教師カウンセラーの方の場合、「病理」にかんする知識が不足していた(つまり、「病理がわかる」)ということと、少しでも不安を感じたら、早期に誰かにスーパーヴィジョンを受けること(謙虚さ)が必要だったのではないかと思います。筆者の経験ですと、高校生年代の場合、不登校の一、二割はある程度の病理をもっているように思いますし、なかには精神病レベルの病理をもった事例も三十例に一つぐらいあるように思います。また、医者のなかには、小学生や中学生であっても、うつ病や分裂病があると指摘される方もいます。

わかると共感の違い

では、「わかる」は「共感」とどう違うのでしょうか？

筆者はこのように考えています。まず、「共感」は情緒レベルでクライエントを理解することであるのに対して、「わかる」は知的レベルで理解することであると。しかし、こう単純に言ってしまうと、どうも「わかる」ことが浅い理解のような感じもしてきます。

そこで、もし、クライエントを情緒レベルでも知的レベルでも両方で理解できた時、カウンセラーは「腹」のレベルで理解ができたと言えるのではないでしょうか。このように考えますと、「わかる」と「共感」は違うけれども、相補う関係であって、両者が統合されてより深いレベルの「わかる」が生じると言えるかもしれません。

そして、この深いレベルの「わかる」が生じますと、カウンセラーの懐が広くなるように思いますし、カウンセリング関係も、このようなカウンセラーの理解に応じて、深まっていくような気がします。

そのためには、一般的に、心理学、臨床心理学、医学を学ぶとともに、フロイト、ユング、ロジャーズを初めとした種々の理論（IIで触れました）について、知識を深めることが大切でしょう。

また、なによりも、その実際の事例を通して肌で学ぶことがよいと思います。この時、求める知識は、こちらが真剣になっていますし、その知識と事例が結びつくことで、生きた知識・「臨床感覚」が身につくのではないでしょうか。

しかし、教師カウンセラーは、深い問題や病理を伴う事例の経験が圧倒的に少ないと思います。そこで、せめて、事例研究会にできるだけ多く参加するとか、すぐれた事例報告を読むとかして、少しでも経験を補うような不断の努力が大切かと思います。

つまり、「共感」や「わかる」は、言い換えれば、カウンセラーの「センス（感性）」の問題とも言えるのではないでしょうか。この「センス」は、ある程度はもって生まれた才能のようなものがあるのでしょうが、これに加えて「知識」と「経験」と、クライエントの役に立とうという「意気込み」に裏打ちされているものと考えます。

見立て

さて、「見立て」という言葉には、これまで述べてきたように、クライエントの問題・病理を理解するという診断的な意味がありますが、もう一つ、今後のカウンセリングの方針、展望などについて、「見通しを立てる」ことも含まれています。

ただ無暗にカウンセリングをするのでなく、ある程度の見通しを立てることは、大切だと思います。

例えば、不登校の事例の場合、今はこの程度の閉じこもりの状態で、今後二、三か月でかなり目が外に向いてくるだろうから、カウンセリングのなかで、そろそろそのような話題も取り上げていこう、というような。あるいは、むずかしいクライエントであるが、定期的な面接をすることで安定した対人関係を経験し、たぶん一年も経てば次第に落ち着いていくだろう、というような。

しかしながら、相手は「心」ですので、それほど明解な見通しは立てられないことが、むしろ普通であると考えたほうがよいのではないでしょうか。したがって、一度立てた「見立て」も、絶えず修正されていくことが一般的であり、現実的でもあると思います。

さて、この「見立て」をするには、クライエントの生育歴を詳しく聞くことが必要となることは、十分ご理解いただけるでしょう。

一般に、外部専門機関の場合、カウンセリングの初回（ないしは数回）を「インテーク面接」と呼んで、クライエントの現在の問題だけでなく、生育歴をも詳しく尋ねる面接を行うことは常識です。しかし、学校カウンセリングにおいては、このようなインテーク面接をするという余裕のない場合がほとんどであると思います。また、教師カウンセラーがいきなりプライバシーに関することを聞きにくいということもあります（筆者も経験上そう感じています）。

そこで、筆者の考えでは、最初から無理して生育歴を尋ねなくてもよいのではないかと思います。つまり、面接の流れのなかで、クライエントが自ら話したり、あるいはチャンスを見計らいながら自然にカウンセラーから尋ねたりして、その情報を得ていけばいいのではないかと思います。

筆者の経験から考えても、必要な情報は、後からでも必ず出てくるといえるような気がします。

5　表現する

さて、次は、「表現する」についてお話しします。

ここでは、「表現する」を、「すべてのカウンセラー側からの働きかけ」としてとらえたいと思います。

例えば、あまりにもクライエントの問題が深刻な場合、こちらはただ聴いているのみで言葉が少しも出てこないことがあります。それだけ、クライエントの重み、迫力を前にすると、どんな言葉も浅薄なものと感じてしまうからだと思います。

例えば、クライエントが死にたいという場合、カウンセラーは、〝はい、はい〟〝ああ、そうですか〟などと軽口をたたけないですし、〝死んでは親不孝ですよ〟〝死ぬ気になったらなんでもできますよ〟などという常識はなかなか通用しませんし、あるいは〝死ぬことは逃げることです〟と思い切ってぶつけることも恐いものです。そこで、カウンセラーは、〝う〜ん〟と唸って、沈黙し、困り果て、せいぜい〝死にたい気持ちなんですね〟と言ってみるくらいでしょうか。これで、クライエントに伝わりますでしょうか？　「受容」「共感」も大切ですが、しかし、うまく言葉にしないと伝わらないこともあると思います。

先ほどの場合、筆者の考えではどうするかといいますと、〝死にたいほどつらいんだね〟と言い換えて（死にたいんだね、を繰り返すだけでは、「死」ということに意識がますます集中してしまいます。そこで、「つらい」というほうに意識をシフトします）、〝う～ん〟と唸って真剣に困ります。実際に〝困ったなあー〟と口に出すかもしれません。すると、クライエントは、〝どうして先生が困るんですか、他人なのに？〟〝先生は、私が死んでも悲しまないでしょう？〟などとカウンセラーの言葉に反応してきます。そこからまた、〝困るものは困る〟〝いや、すごく悲しい〟などとカウンセラーが反応します。そして、そのような、カウンセラーの本心に触れること（カウンセラーの「自己開示」といえます）で、クライエントが、自分が理解されたと感じることができ、そのような緊迫した気持ちが収まっていくことにつながるかもしれません。

さて、「表現する」をもっと具体的にいいますと、「繰り返し」（クライエントの言った言葉をそのまま繰り返す。このことにより聴いてもらっているという実感を得て、かつ自分の言ったことを客観化して考えるきっかけとなります）、「明確化」（クライエントが感じていることを、カウンセラーが明確に表現したり尋ねたりすること。これにより自分の感情により深い気づきが生じます）、「支持」（クライエントの現状をそのまま認めていくような働きかけをすること。これによりクライエントは自我を強化し自信を身につけていきます)、「直面」「解釈」などのほか、「うなずく」「問う」も含まれると思います。

これらの詳細は、数ある成書をご覧願いたいと思いますが、ここでは特に、後半の四つ、「うなずく」「問う」「直面」「解釈」のそれぞれについて筆者が考えるところを若干お話しします。

うなずく、問う、直面、解釈

まず、「うなずく(ええ、はい、うん)」は、来談者中心療法の基本技法である「単純受容」としてよく知られているところです。また「共感」を伝えるのにもっとも手頃な表現方法であるといえます。クライエント側からすれば、カウンセラーがうなずくというのは、わかってもらえていると感じるわけです。

しかし、「うなずく」は、賛成しているというのとは異なります。あなたの言っていることがどんなことなのか、関心をもって聴いていますよ、というサインなのです。ここをクライエントが誤解して、カウンセラーは自分の言うことに賛成してくれていると思い込んで、カウンセラーと問題を生じさせることがあります。

例えば、教師カウンセラーが熱心に話を聴いた結果、クライエントの生徒は、あの先生は自分のすること(例えば、たばこを吸うこと)を認めてくれていると人に言い、教師カウンセラーは、そんなことを言った覚えはないと反論するような場合。

そこで、これは先述しましたが、カウンセラーとしては、〝あなたが言っていることはわかる（しかし、賛成しているわけではない）〟と、ときには、言葉でクライエントに確認をしておいたほうがいいこともあるでしょう。

次に、「問う」です。

「問う」とは、ただ何でもいいから問うわけではありません。よく事例研究会で、どうしてこんなことを質問するんだろう、と思えるような人がいませんか？　しかも、そういう人に限って、その質問と応答からどのようなことを理解したのか、おっしゃっていただけません。

「問う」というのは、カウンセラー側に何かがひっかかって、そのことがどうもクライエントの問題にとって意味があると思えるから「問う」のです。また、「問う」ことで、クライエントの意識をそこに向けるという「方向づけ」をすることになります（〝なぜ、私がなんとも思っていないことを、このカウンセラーは問題にしたがるのか？〟と考えてもらうわけです）。

もちろん、「問う」には、もっと単純に、カウンセラーがよくわからないところを確かめる、という程度のものもあります。これは、事例研究会では困った質問となることもありますが（時間が限られていますので）、面接のなかでは、それはそれで、クライエントは自分に関心をもっている、と感じてもらえるという意義があると思います。

蛇足ですが、事例研究会における質問は、たくさん聞きたいことがあるうちでどの質問が事例理解には必要なのか、という観点や、質問が一つしかない場合も、この私の質問は事例理解には本質的であるか、という観点からなされるべきであると思います。そのことをわかっていくことが、教師カウンセラーの力量や「臨床感覚」を向上させていくことと平行しています。

続いて「直面」です。

これは、カウンセラーがクライエントに対して、クライエントが避けようとしている問題・葛藤を、面接で取り上げ、クライエントに考えてもらうことです。クライエントにとっては、触れたくないことなので、当然、意識的・無意識的に抵抗があります。

これに、あえて「直面」させるためには、カウンセラー側の相当の「覚悟」が必要ではないかと思います。ユング派の河合隼雄先生流に言えば、〝カウンセラーの心の声に従って〟となりますが、ここぞという時に、カウンセラーは自分の存在を賭けて、クライエントと対決するくらいのことをしなければならないことがあります。

具体的には、例えば、〝なんだか、お父さんのことになると、いつも話題になるのを避けているようなんだけども〟と婉曲に言うか、〝もっとお父さんのことを話してくれない？〟と直接的に言うか、があります。あるいは、〝あなたは、お父さんに否定的な気持ちをもっているような気がするんだけど〟と、クライエントの感情を示唆する言い方もあると思います。

もっとも、いくらカウンセラーの内なる声を聞こうとしても、いっこうに聞こえてこない、ということもあるでしょうし、「今が勝負時」だという直感も、実は、臨床のセンスと経験に裏づけられているものと思われます。

最後に、「解釈」についてお話しします。

「解釈」とは、問題解決につながることを期待して、カウンセラーがクライエントに伝える、クライエントの問題に関した理解です（もっとも、カウンセラーのすべての反応が解釈だという立場もありますが）。そして、この「解釈」にクライエントが反応して、言語交流が展開し、クライエントが自分の内面への気づきが深まっていき、やがて「洞察」に至ることもあります。

一般に「解釈」は、直接的よりはやわらかい表現が、断定的よりは疑問形にしたほうがよい、と言われています。あるいは、どのような「解釈」を、どのようなタイミングで、どの程度伝えるのかという、いわゆる「匙加減」が大切であるとも言われています。

学校カウンセリングで考えますと、経験上、ある程度まとまった「解釈」はすべての事例で必要というわけではありません。もしするとしても、一時間に一回、あるいは数回の面接で一回という程度でよいでしょう。つまり、どこでどのような「解釈」を与えるのか、吟味と心の準備をしてからでよいと思います。

早すぎる「解釈」は、クライエントに通じないばかりか、クライエントを傷つけたり、抵抗を深めて面接の中断に至ることもあるでしょう。

ですから、「解釈」は、原則的には、クライエントに受け入れられる時期を見計らって少しずつ小出し的にするほうが無難です。そして、クライエントにとってまだ早いと判断されれば、言いっ放しにしておいて、その後は話題が変化するに任せます。必要な「解釈」であれば、後に必ずまたそのことを取り上げる機会がやってくるものです。

あるいは、ここぞという時に直感的に思い切って言ってみる、ということも意味があるかもしれません。この場合、「直面」というニュアンスが強くなり、カウンセラー側にも相当な覚悟がいることもあるでしょう。

具体的な「解釈」の例を少し挙げますと、例えば、〝お父さんのことを非難している時のきみは怒っているというより、何かを求めているように見えるんだけど？　何を求めているのかな？〟とか、もっと直接的に、〝きみはお父さんにもっと愛してほしいと言っているんじゃあないかな？〟などと言って、クライエントの父親への執拗な攻撃に対して、その背後にある精神力動（クライエントの本当の気持ち）に目を向けてもらうことになります。

実際の面接場面ではどうしているか

「うなずく」から「解釈」までを、こうお話ししてきますと、自分でも、なんかおかしいなあーという思いが湧いてきます。まるで教科書のように硬くて、実際に自分がやっている臨床場面と少し感じが異なって、違和感を感じてしまうのが、本音です。やはり、私のなかに、皆さんによく思われたいとか、この本をかっこいいものにしたい、というような気持ちがあるからでしょう（と「解釈」しました）。そこで、もう少し、ざっくばらんに補足しておきたいと思います。

「うなずく」は、実際の面接では、私は、生徒には〝うん〟〝なるほど〟と言いながらうなずき、〝それで〟と先を促すことが多く、大人に対しては、〝はい〟〝そうですか〟〝ええ〟を多用します。比較的よくしゃべってもらえるクライエントには、ほとんどこれらの応答で面接が経過し、時々、〝○○ということですか〟〝××ということですね〟と確認しながら、一区切りつくか、最後のほうで、解釈めいたことばをぼそぼそ言ってみる程度です。決して、種々の技法を駆使して、切れのよい（？）面接をしているわけではないのです。

その解釈といいましても、それまでのクライエントの話をまとめて、〝○○ということを感じましたけど〟〝××ということを思いつきました〟というように、こちらの感想、印象などを伝える程度です。それに対して、クライエント側からは、多くの場合、ビビッドな反応はあまりなく、〝はあ、そうですか〟で終わってしまうこともよくあります。そこで、次か、数回後の面接のなかで、〝この間、○○と言っていましたが、もう少し話してくれますか〟と、思い出したように再度尋ねます。

質問も、クライエントがしゃべっている最中に、中断してするというよりは、一区切りついたところで、〝さっきの○○はどういうことですか。もう少し話してください〟という程度の質問が多いのです。この時、そのことについて、筆者のなかには漠然とした、疑問、違和感を感じています。決して、明解な確信をもって質問をしているわけではありません。ましで、「すごい（？）直面化」は、こちらによほどの思いがないとしません。

筆者のスタイルとしては、クライエントにこちらが「合わせてついていく」ことを中心に考えていますので、そのような交流のなかから、クライエントが自分の内面に目を向けられるようになって、クライエント自ら「直面」していってくれるのを待つという姿勢です。

そのためには、教師カウンセラーとしては、クライエントに、学校に関した質問を小出しにしていって、それが自然に「小さな直面化」となることは、おわかりいただけるでしょう。

要は、「無理のない介入」をするという建前で、のんびり、だらりと面接をやっているわけです（あ～、自分が情けなくなってきました）。

6　転移・逆転移

もちろん、「転移・逆転移」そのものは技法ではなく、カウンセラーとクライエントの間に起こる無意識的な現象です。しかし、カウンセリング関係のあるところ必ず転移・逆転移は生じますし、これらを理解して、コントロールできること、あるいは、面接のなかで扱えることが技法であると、筆者は考えます。

転移とは

「転移」とは何でしょう？　これを正しく理解できている教師カウンセラーは、まだまだ少ないように思います。筆者も初めはそうでした。頭ではわかっていても、実感として今一つわかっていませんでした。そこで、なるべく読者の皆様に理解していただけるように努めたいと思います。

ここでは、「転移」を、「クライエント側の未処理の葛藤・コンプレックスをカウンセラー側にもち込んでくること」としておきます。あるいは「クライエントが面接外で他者と経験すべき葛藤を、面接内でカウンセラーと経験すること」とも言えると思います。

例えば、クライエントが、父親との葛藤を男性のカウンセラーにもち込んで妙に反発してくるとか、母親との葛藤を女性カウンセラーにもち込んで妙にべたべたして甘えてくるとか、というようなことが起こってきます。

もちろん、逆に父親との葛藤を女性のカウンセラーに、母親との葛藤を男性カウンセラーにもち込んでくる場合もあるでしょうし、複数の葛藤をもち込んで、「転移」状況が「錯綜」するということも十分ありえます。

陽性転移

「転移」は、カウンセリングにおいて多かれ少なかれ必ず起こってくるものです。もう少し、具体的に考えてみます。

まず、カウンセリングでは、ほとんどのクライエントは、カウンセラーに好意的な感情を抱きます。カウンセラーが自分に関心を寄せてくれる、熱心に話を聴いてくれる、という体験をするわけですから。この時、カウンセラーはクライエントと「ラポール」(ほどよい関係)がついたと表現するかもしれません。

このような、クライエントがカウンセラーに対して向けるポジティブな感情を、一般に、「陽性転移」と言います。このようなものがあるから、カウンセリングは継続するとも言えるのではないかと思います。

しかし、それが強くなりすぎると、クライエントは、カウンセラーを理想化したり、恋愛の対象のように思えてしまうことになります。すると、クライエントのカウンセラーへの依存度が増し、べったりと甘えるということが生じてくるでしょう。

「恋愛性の陽性転移」を取り上げてみます。

例えば、男性のカウンセラーと女子生徒の場合、この恋愛性の陽性転移が生じてきますと、女子生徒はカウンセラーがまるで理想の恋人のように思えてしまいます。甘えてきたり、プライベートなことを聞いてきたり、面接場面以外でも行動をともにしたがったり（例えば、ドライブや映画に行きたいなど）、あるいは、毎日、授業後カウンセラーの先生のところにやってきて、とにかく一緒にいたがります。

そこまで、極端でなくとも、面接で、「いいクライエント」であるように演じるとか（カウンセラーが喜びそうなことを言う）、何かと贈り物をするとか、などの比較的カウンセラーが受け入れやすい行為に留まることもあるでしょう。

しかし、このようなクライエントの要求にカウンセラーが応じてしまったら、カウンセリングは行き詰まるでしょう。なぜかといえば、技法の初めにお話しした、「構造」が崩れていくからです。日常が入り込み、特別な時空間ではなくなり、カウンセラーも第三者的な役割を取ることが難しくなります。すると、日常の利害関係に巻き込まれることになるのは避けられません。

もちろん、「恋愛性の陽性転移」にカウンセラーが応じているうちに、クライエントの問題が解決（例えば、症状が収まるとか）してしまうこともあります。この場合は、いわゆる「転移性治癒」がクライエントに起こったと考えられます。つまり、クライエントのなかに、依存性が高まり、その結果情緒的に安定して問題が収まるということが生じるわけです。

これは問題の根本解決にはなっていないのですが、クライエントの健康度が高いことを考えますと、これはこれで意味があると思います。

どうでしょうか？　先生方のなかにも、熱心にかかわった結果、よくわからないけど生徒がよくなってしまった、という経験をおもちの方がおられるのではないでしょうか。

陰性転移

次に、「陰性転移」についてお話しします。

「陰性転移」とは、「陽性転移」とは逆に、クライエントがカウンセラーに対して向けるネガティブな感情ですが、学校カウンセリングでは、「陰性転移」が表面化してくる事例は、筆者の経験から考えると少ないと思います。もしあれば、それは問題が相当深刻な事例でしょう。逆に、深刻な事例には、必ず「陰性転移」がつきものとも言えます。

例えば、カウンセラーに対する執拗な、攻撃、嫌悪となって現れてきます。

わかり易くするために、具体的な事例をお話しします。

あるクライエントは、深刻な人間不信をもっていましたが、筆者に対して執拗に不信感を表明して攻撃してきました。

例えば、〝先生は金儲けのためにやっているのか〟〝単なる仕事として（つまり冷たく）やっているのか〟〝表面は親切に聴いているふりしているが、本心ではバカにしているんでしょう〟など。

このような陰性感情は、クライエントが自分の身近な人との経験で傷ついていて、本来は、その人へ向けられる感情なのですが、それができないので、そのような感情が、面接内で筆者に「転移」されてきたものと考えられます。

このような時の理解は、クライエントは、自分が周りからさせられている経験と同じ経験を、カウンセラーにもさせていると考えられます。つまり、〝こんなふうに自分はいつも周りから攻撃されて痛めつけられているんだ。わかってほしい〟というメッセージなのです。

大切なのは、このような「陰性転移」にカウンセラーが振り回されないことです（もちろん、陽性転移も同様です）。特に、「陰性転移」にまともに反応して、カウンセラー側からも陰性の感情を投げ返してしまうと(例えば、カッカと反応してしまうとか、言葉で〝そんなに言うならもう面接やめようか〟などと言ってしまうとか)、クライエントは〝ああ、やっぱり人間なんてそんなものだ〟と不信感をますます強めることとなります。

そこで、よく言われるように、カウンセラーはクライエントの「陰性感情」に「耐えて生き残ること」が大切となるのではないかと思います。ここから、クライエントは、これまでとは違う、新しい安定した対人関係を経験できるのです。

逆転移とは

次に、「逆転移」についてお話しします。

「逆転移」とは、「転移」とは逆に、「カウンセラー側の未処理の葛藤・コンプレックスをクライエント側にもち込むこと」です。

例えば、カウンセラー側に自分の父親との葛藤が未処理であるため、妙にクライエントに共感してクライエントの父親を非難したくなるとか、同じくカウンセラー側に母親との葛藤が未処理であるため、クライエントに対して妙にやさしくし過ぎてしまう（本当は自分がそうしてもらいたい）というようなことが生じます。

よく陥りやすい「逆転移」としては、自分しかこのクライエントのことをわかってやれない、救ってやれないと思い込んでしまうことです。

このような人は、「救世主コンプレックス」をもっていて、人を自分が救うんだという自惚れのような自己愛を満足させたいのです。また、本当は自分自身が「救われたい」人であって、人を救うことで、実は自分を救っているのです（代理的に人を救うわけです）。

具体的にお話ししますと、クライエントから、〝先生しか私のことをわかってくれない〟などと言われると、カウンセラーはつい良い気分になってしまいます。その結果、クライエントと二人で学校内で孤立することになり、誰も自分たちのことをわかってくれないと嘆くようになります。

こうなると、カウンセリングをすればするほどますます二人で落ち込んでいき、何のためにカウンセリングをしているのか、わからなくなってしまうということが起こります。

この場合、この二人は同じコンプレックスや病理をもっている可能性があります。そこで、共鳴のようなものが起こって、カウンセラーは、冷静でいられなくなって、つい、熱が入り過ぎてしまうのです。これが、カウンセラーとクライエントの性が異なると、そこに恋愛性が帯びてくることもあります。

もう一つ、陰性の逆転移についても、補足しておきたいと思います。よくあるパターンは、カウンセラーがついいらいらしてしまって、クライエントに対して攻撃的なことを言ってしまうことです。

この場合、カウンセラー側のコンプレックスからこの問題が派生していれば、それこそ逆転移です。しかし、カウンセラーを志向する人は、どちらかというと攻撃的ではなく、無理に抑制しているわけでもない人が多いと思いますので、考えられる可能性としては、クライエント側の「投影同一視」というメカニズムが働いているのではないか、ということです。

具体的に言いますと、例えば、クライエントのなかに「怒り」があるとして、それを認めたくないので、まずその自分の怒りをカウンセラーへの「投影」という形で、自分のなかから排除します。投影を受けたカウンセラーは、なぜかいらいらして、クライエントに対して攻撃的になってしまいます（この時点で逆転移が働いている可能性もありますが）。するとクライエントは、カウンセラーの攻撃性に反応して、カウンセラーが自分を攻撃しているとして、怒り出します。このようなメカニズムを「投影同一視」と言います。

転移・逆転移をどうするのか

最初に触れましたように、「転移・逆転移」そのものは技法ではなく、概念であり、無意識的な力動です。したがって、まずはこれらの概念を正しく理解していることが必要かと思います。

次に、これらの概念を、実際のカウンセリング関係のなかで、事例の理解に役立てることができるかどうかが重要です。理解できれば、このような無意識的な力動に巻き込まれる可能性が低くなります。

筆者の考えでは、「転移・逆転移」にカウンセラーが巻き込まれますと、先に取り上げた「構造」を守ることが難しくなり、どこかでその枠組みが崩れてきます。

例えば、面接の時間がついつい長くなったり、毎日面接することになったり、面接場面以外でもいつもクライエントがそばにいるという状況になったりします。あるいは、クライエントに非常に腹が立ったり、面接がいやでいやでしかたなくなり、面接が中断ということになったりします。

さらに、これらを面接のなかで扱えるかどうか、という問題があります。精神分析的な立場からは必ず取り上げていくことになると思いますが、学校カウンセリングの実際を考えますと、ほとんどの事例では取り上げるほどのことはないと思います。しかし、なかには、難しい事例ではことという時に取り上げる必要が生じるかもしれません。逆に、難しい事例では「転移・逆転移」は必ず問題となってくると覚悟したほうがよいと思います。

また、この「転移・逆転移」に対する「センス」の高さが、教師カウンセラーの力量に比例するとも言えるのではないかと思います。

要は、カウンセリングとは、それぞれが葛藤を抱える、クライエントとカウンセラーという二者の情緒的関係でもあり、ここに起こる無意識レベルの現象・交流に対して、どれくらいカウンセラーが意識化できているのかということが大切なのだと思います。

どうも、「転移・逆転移」という問題を語るとなると、ついむずかしくなってしまいます。これも、筆者自身の無意識的な問題（コンプレックス）がここに入り込んできているのかもしれません。なお、「転移・逆転移」についてきちんと学ばれたい方は、氏原寛・成田善弘編(一九九七)『転移／逆転移―臨床の現場から』に、具体的にその世界が展開されていますので、ご覧になってください。

7　曖昧さに耐える能力

次に、「曖昧さに耐える能力」についてお話しします。

まず、カウンセリング以前に、教師カウンセラーの存在そのものに「曖昧さに耐える能力」が必要とされるということに触れておきます。

先に、教師カウンセラーの「アイデンティティ」のところで触れましたが、教師カウンセラーという立場は、教師でありながらカウンセラーであるという、曖昧さをもっているわけですが、その曖昧さに耐えることでカウンセリングを実施する活力につながると言いました。つまり、教師とカウンセラーという二つの立場の葛藤に苦しむことで、教師カウンセラー自身も決して悩みのない完全な存在ではなく、クライエントと同様、葛藤を抱える存在であるという、共感性と緊張感をもてるという利点があるわけです。もちろん、これがカウンセリング関係を非建設的にする程、カウンセラーの安定性を失わせるようでは困りますが。

カウンセリングにおける曖昧さ

概して、カウンセリングとは「曖昧」だらけであると言えます。例えば、カウンセラーの応答は、〝○○かもしれません〟〝○○とも考えられるのではないでしょうか〟などと、終始曖昧です。クライエントが○○と言えば、〝××かもしれませんね〟と、また曖昧な、天の邪鬼なことを述べたりします。これは、カウンセラーは、ものごとには、これは絶対だとか、大丈夫とかいうものはないと考えているからですし、いろいろな可能性を考慮に入れているからだと思います。

このあたりの考えは、筆者は河合隼雄先生のお考えにずいぶん影響を受けています。河合先生(一九七〇)は、『カウンセリングの実際問題』のなかで、カウンセリングのねらいとして「可能性の発展」を挙げられ、〝カウンセリングの一番のねらいとしているところは、普通の人のするように早く片づけるのではなく、あくまでクライエントの心の底にある可能性に注目して、それによって本人が主体的な努力によって、自分の可能性を発展させていく、そのことによって問題も解決されていくという点にある〟と述べておられます。

筆者も全く同感です。問題を〝早く片づける〟のではなく、〝自分の可能性を発展させていく〟わけですから、曖昧な状況に「耐える」ことを、ある程度「時間」をかけて取り組むことが必要です。

しかし、一方、学校には、「現実的な時間」が流れていますので、そのような事実を踏まえながらも、できるだけ「心の時間」のペースにつき合っていくこと、つまり、この二者のバランス感覚が大切でしょう。

また、河合先生は同書で、〝可能性というのは、常に良い可能性ばかりを意味していない〟〝いやむしろ、プラスの結果を得るためには、しばらくはマイナスの結果にも耐えていかねばならぬときも多い〟と述べておられます。これは、確かにあります。しかし、これを親や担任の先生にわかってもらうことは難しいことです。

例えば、おとなしい子が、自己主張できるようになると、反抗的な言動をしだしたり、服装なども乱れたりすることもあります。すると親や担任の先生からすると、その子が前より「悪く」なったようにしか見えません。しかし、その子はそういう形でやっと自己主張できるようになったのであって、また、いずれは、揺り戻しがあって、落ち着くところに収まってくるものです。

つまり、このような曖昧さに耐えてひたすら待っていると、クライエントの心のなかに、やがてプラスの可能性が生じてきて、その「時が満ちて」（筆者はこれを「時熟」（じじゅく）と呼んでいます）、ユング流に言えば、「変容」をもたらすのです。

そこで、カウンセラーから適宜、親や担任の先生の不安を受けとめたり、以上のような説明をしたりする必要があるのではないかと思います。

学校というところは、とかく現実の時間に追われてしまってすぐに結論づける傾向がありますが、そのなかで、カウンセラーぐらいは、そのような現実的な時間に縛られることなく、「曖昧さ」に耐えながら「待ってみる」ことに意味があるのではないかと思います。

8　接点

「接点」は、初心の教師カウンセラーの方に是非身につけていただきたい技法です。

子どもと何をどう話したらいいかわからないという方がいると思いますが、この時、活用できるのがこの「接点」なのです。

接点とは

一般に、思春期・青年期の子どもは、身体的にも精神的にも激しく変化しており（疾風怒濤の時代と呼ばれます）、そのような不安定さゆえに、自分自身のこと（内面）を言語で表現することは苦手です。したがって、子どもに、〝なぜ学校に行けなくなったのか〟〝何を悩んでいるのか〟と質問しても、具体的な返事は返ってこないことが多いのではないでしょうか。

また、問題を抱える子どもは、その問題が深刻であればあるほど、それが何なのか表現しにくいものです（例えば、性的虐待を受けた子は、何が起こったのか全く理解できないでしょう）。さらに、表現するにはあまりにもつらかったり、知ってほしいけれど知られたくないというアンビバレントな気持ちがあるため（例えば、いじめを受けた子どもの多くがそうです）、自分の内面的なことを話すことに抵抗が生じます。

もちろん、子どもとカウンセラーに、ほどよい関係（ラポール）が形成されていないうちは、子どもには、カウンセラーが信頼できるかどうか不安があって、ごく自然に抵抗があるものです（教師としてすでにその子と関係がある場合もありますが）。そこで、子どもとまずほどよい関係を形成するために、子どもの興味・関心がある話題から話し始めることは、有効だと思います。

筆者は、このような、子どもとカウンセラーの関係が継続できるような窓口を「接点」と呼んでいます。具体的には、子どもの趣味や興味・関心のあるものならなんでもよく、漫画、映画、ゲーム、スポーツ、歌、小説などがあります。このような接点を通して、カウンセラーは、子どもと無理なく交流ができるのです。

かつて、山中康裕先生(一九七八)は、このような接点を「窓」と呼ばれています。先生によりますと、「窓」とは〝少年たちの「内的なイメージ」を主な媒体として関わる〟ことであるとして、筆者が挙げたもののほか、絵画、夢、箱庭なども挙げておられます。そして、〝無論それらは私の方が押しつけるのでなく、クライエント一人ひとりのもつ「窓」に私が同調する中で見出していくわけです〟と述べていらっしゃいます。

筆者も、このような先生のお考えに全く賛成します。しかし、筆者は、自身の実践経験から、山中先生とは少し違った意味と方法でも「接点」を利用しています。

つまり、山中先生の言われる「窓」は、クライエントの興味にカウンセラーが同調するのに対して、筆者の「接点」は、そのような場合もありますが、カウンセラー側からクライエントに、積極的に媒体をもち込んで興味をもたせるという、より能動的な、ある意味では方向性が逆ということもありえます。

なぜ、このように考えるようになったのかと申しますと、それは、筆者が、これまで多くの不登校の子どもへの訪問によるカウンセリングの実践からなのです。

不登校の子どもの多くは対人関係でつまずいており、対人関係の緊張・不安が高く、対人恐怖的になっていたり、自分のなかに引きこもって人との接触を避ける傾向があります。たとえ筆者と会えたとしても、進んで自分の内的なことを話すことは珍しく、多くの場合沈黙がちです。この時、内省を目指した言語によるカウンセリングでは、なかなか困難であることを経験してきました。

そこで、直接的な言語交流をとりあえず置き、まずは先述の漫画、映画、ゲームなどを媒体とした交流を図るようにしてきました。

具体的な接点の活用法

では、読者の皆様に、接点についてもっと具体的に理解していただくため、また、実際に種々の接点を活用していただくことを想定して、以下に事例を紹介しながら説明していきたいと思います。

① **漫画**

漫画は、ほとんどの子どもが見ます（最近は大人も見るようですが）。筆者は男性ですので、一応男子生徒を対象に考えますと、小学生から高校生まで、男子向けの漫画週刊誌（J誌、M誌、S誌ですが）の人気は絶大です。そこで、筆者もそのうちの一つは必ず目を通すようにして、今どのようなストーリーが展開されているのかをおよそ把握しておきます

（先行情報を仕入れます）。

ある不登校の男子生徒がいました。筆者が訪問面接に行きますと、会ってはくれたものの、自分からはほとんど話してくれません。そこで、筆者は何か糸口はないかと思い、趣味を尋ねます。「なんか好きなことは？」クライエントは、ぼそっと、〝本を読むこと〟と言います。「本って？　どんな本？」するとクライエントは恥ずかしそうに〝漫画の本〟と答えます。「そうか。どんな漫画？」と尋ねていくと、それが週刊○○であることがわかります。「じゃあ、そのなかのどの漫画がおもしろいの？　毎週読むお気に入りは？」〝えっ、先生知ってるの？〟「まあね」と、まあ、こんな具合に漫画を接点とした話が始まっていくのです。

そして、今その漫画ではどのようなストーリーが展開しているか、どこが面白いか、感動したところはどこかなどについて尋ねていきます。もちろん、次々と、これらを質問するというよりは、クライエントのペースに従って、「どんな話だったか教えてくれる？（実は筆者は読んでいて知っています）」「へえー、それでどうなったの？」という感じで進んでいきます。

このようにすると、単に、クライエントと言語的な交流が可能となるだけでなく、その「接点」を通じて、クライエントの内的な問題についても話すことができるのです。

クライエントは、数ある漫画からなぜその漫画をわざわざ選んだのでしょうか？　それは、その漫画のどこかに、クライエントを引きつけるもの、共感できるものがあるからではないかと思います。つまり、その漫画の主人公に、自分自身を見ている(投影している)ことが多いのです。そのなかで、クライエントは、はらはらどきどきした経験を代理的にしているのです。

例えば、この事例では、ある「戦い」をテーマとした漫画を好んでいたのですが、毎回主人公がやられそうになりながらも、なんとか困難を克服していきます。このような「戦い」のテーマは、実は、クライエント自身のテーマでもあり(対人関係での戦い、自分自身との戦い)、それで、この漫画に熱中し、このテーマを繰り返し経験(リハーサル)していたものとも思われます。

もし、このようなテーマを、直接に、現実のなかで経験するとすれば、クライエントは、対人関係のなかで人とぶつかり合い(たぶん、クライエントからみると一方的に相手にやられてしまい)、ますます心を傷つけるだけでしょう。したがって、直接経験ではなく、安全な間接経験として漫画を利用するわけです。

もちろん、クライエントは、このようなことをすべて意識的に行っているわけではありません。たぶん、ほとんどの場合、無意識的に求めているのではないかと思われます。人間の、自己再生能力とでもいえるものを感じないではいられない気がします。

さて、また、先ほどの事例に戻ります。漫画を媒介としていますので、直接経験としては聞けない(答えられない)ことも話ができるわけです。「(主人公は)やられちゃったんだ。どう思っているんだろう?(きみは傷ついてどう思っているの?)」〝悔しい〟「そうか、悔しいんだ（きみは悔しいんだ）。これで諦めちゃう（きみは諦めるの）？」〃いや、諦めない（僕は諦めない）〃「ふーん、主人公は諦めないのか（きみは諦めないんだね）」と、まあ、こんな具合に話題が展開していくわけです。

その後、次第に元気を取り戻した彼は、閉じこもりの生活から現実的な外の世界に出ていけるようになりました。

② 映画、小説

基本的には、漫画の場合と同じです。ですから、ここでは詳しくは触れません。映画や小説にも必ず主人公がいます。多くの場合、クライエントはその主人公に自分を重ね合わせています。ですから、ストーリーを詳しく聴いて（クライエントから進んで話してくれれば理想的です）、漫画の時と同じような交流をします。

一つ、注意したいのは、クライエントが主人公に投影しているに違いない、と思い込んで、やたらと、主人公の気持ち（つまり、クライエントの気持ち）を追求するようなことばかりに終始しないことです。そんなニュアンスがクライエントに伝わると、クライエントは警戒し、心を開いてくれないでしょう。ですから、漫画、映画、小説などは、クライエントとともに、まずは純粋にその内容を楽しめることが真に大切です。そのためには、こちらに、いわゆる「遊び心」をもてる「ゆとり」が必要だと思います。

映画好きの男子生徒がいました。初回に、彼が映画好きと知った筆者は、次回以降も、毎回必ず映画のことを話題にしました。すると次第に、クライエントは、自分のほうから、今週は○○を見た、こんなところが良かった、こんなことを思った、と語ってくれるようになりました。ちなみに、筆者も映画は大好きで、テレビ、ビデオで相当数を見ますし、毎回、彼と筆者とでお互いに、映画に対する自分の感想や感性を披露しあうというような交流ができました。

また、小説好きの女子生徒がいました。彼女は、今時の高校生にしては珍しく、硬い純文学が好きなのでした。彼女の場合、毎回というわけではありませんでしたが、多くの回で小説の話題が出ましたし、筆者からも自分の読んだ小説（一応、クライエントの興味や状態を考慮して選出しました）について、感想とともに披露しました。実は、筆者は何を隠そう、大の小説好きでして、以前は一年で百冊というペースで読んでいました（最高は一か月で五十冊という大記録（？）があります）。

彼女は読むだけでなく自ら小説を書いていました。しかも、高校生にして大人の同人誌に投稿したり、小説を見せ合う大人の仲間がいました。それで、筆者にも、一番言いたいことは、大部の小説という形で伝えられました。

事例の詳しいことは、長坂（一九九七）の発表をご覧ください。

③ 絵本

筆者は、絵本をほとんどの不登校の女子生徒のクライエントに使用します。

初回にもっていく絵本で、まずファーストチョイスは、安野光雅の『旅の絵本』です。この絵本は、正真正銘の「絵」本です。なぜかといえば、「字」が一字もないわけですから。これを、おとなしいタイプのクライエントに、筆者がめくりながら、語りかけていくという形をとります。

例えば、こんな感じです。（旅の絵本を見ながら）「あの旅人はどこにいるかな？」（多くの場合、クライエントは黙って指をさします）「これ、何かな？」（クライエント、ぼそぼそ）「あれ、これ面白いよ」（クライエント、くすっ）と、まあ、こんな流れとなります。

この時、絵本をもち込むこと自体のメリットがありまして、それは、それまでクライエントとテーブルをはさんで対面して座っていることが多いのですが、絵本を見る都合上、筆者がクライエントと九〇度の位置に移動することができる、ということです。

この位置は絶妙です。ほどよくクライエントと親密度は増すと思いますし、二人で絵本を一緒に見るという感じが増します。もちろん、筆者が文字を逆さまに読まなくてもすむという利点もあります。

絵本を見終われば、筆者からクライエントに感想を求めたり、簡単に印象的なところをリピートして体験を確認するという作業（味わいを確認）をします。本当に、絵本の魅力はすごいものです。ほとんど言葉を発せずに、黙ってページをめくるということで満足できる絵本もあります。絵本を通して、ほとんどのクライエントは、次第に発言が多くなって、自分からページをめくる、指差しをするなど、積極的になっていきます。

事例を紹介しておきます。ある不登校の女子生徒に、筆者は絵本を毎回持参して交流を図りました。すると、ここでお話ししたことがそっくりそのまま起こりました。典型的な事例だったのですが、三十五回の面接のうち三十八冊の絵本を使用して、毎回、筆者とともに絵本を見て、後で確認の作業をするということが面接のほとんどを占めました。

絵本のテーマとしては、大別しますと、「旅」十七冊、「生と死」八冊、「光と影」五冊、「娯楽」五冊、「その他」三冊でした。これらの絵本は、毎回筆者がその時々のクライエントの状態や心情を考慮しながら、直感的に選びました。

すると、次第にクライエントが絵本について、積極的になっただけでなく、少しずつ、今の自分の心境を語れるようになったのです。とても洞察というところまではいけませんでしたが、クライエントにしてみれば、いやなことを避けて通るという、これまでのパターンを少しでも改善することができたように思います。

筆者の印象としては、クライエントは、絵本を一緒に見るという楽しい経験に支えられて、やっと自分のことが少し考えられるようになった、という感じでした。具体的には、絵本の確認作業が終わって、筆者が、学校に関する話題に水を向けると、クライエントがぽそぽそと答える、という様子でした。

詳しいことは、長坂(一九九八d)の発表をご覧ください。

では、どのような絵本がよいのかといいますと、筆者の考えでは、「絵がきれい(何をもって、きれいとするかは難しいところですが)」「ストーリーがある」「字が少ない」、という三条件の二つ以上満たしているものがよい、と思います。やはり、絵本であればどんなものでもよいというわけではなく、そこに、カウンセラー側からの何らかの「思い」が込められたものがいいのではないでしょうか。適応は、小学生の男女と中学、高校の女子です。

④ コラージュ

コラージュは、筆者は、不登校の男子のクライエントによく使用します（もちろん、女子にも）。中学や高校の男子ですと、絵本には抵抗を示すでしょうが、コラージュであれば案外すんなりと遊び感覚で取り組んでくれるようです。

コラージュについて、簡単にご紹介しますと、六つ切りか八つ切り（筆者は八つ切りを使用しており、表現するスペースやもち運びすることを考えると絶妙と思います）の大きさの画用紙に、適当に切り取った写真、絵、文字などを自由に貼り合わせて、一つの作品を作ります。必要な道具、材料としては、画用紙、はさみ、のり、写真や絵などです。

筆者は、これらを一つのバッグに入れてもち歩きます。いつでも、どこでもできる手軽さがあります。

一時間程度の面接時間ですと、コラージュに取り組んで、残りの時間で少し話をするというパターンでちょうどよいように思います。毎回コラージュでもよいと思いますし、クライエントが話をしたいと言えば、無理にコラージュを作らなくてもいいですし、場合によっては、作りかけのコラージュを次週にまた作るということでも構いません。

事例を紹介します。

ある、不登校の男子のクライエントは、筆者が何を尋ねても、首を傾げながら〝うーん〟〝さあー〟の連発で、何かしゃべるとしても、ぼそっと言ったあとは尻すぼみでよく聞き取れませんでした。決して、考える気がないわけでも、不真面目なわけでもないのです。このような子はどこにでもいますね。そこで、何回目かの面接で、コラージュに誘ったところ、なんと驚いたことに、非常に豊かな作品を作ったのでした。アルプスがあり、鳥が飛び、自動車もある、雄大で夢のある作品でした。これを機会に、クライエントはコラージュを継続して何作品か作ると、あとは言語で自分を表現できるようになっていったのでした。

つまり、自己表現が苦手な子どもにとって、コラージュは安心してできる自己表現の一手段なのです。言葉で自己表現しなくてもよいわけですし、自由画のように描くことに尻込みしなくても、ただ、ある材料を適当に貼り合わせればよいのです。ですから、コラージュは、安全であり、かつ豊かに表現できる、優れたものといえると思います。

実際の実施場面では、クライエントが黙々と切り張りするのを、こちらは少し離れて見ているのですが、その合間に「何切ってるの?」「それすごいねー」などと自然に話しかけることができますし、クライエントも、材料のことであれば、比較的抵抗なく喋りながら作業ができるようです。

また、筆者がよく実施する方法は、「同時制作法」といいまして、クライエントと同時に並行して、カウンセラーも自分の作品を作るということをよくします。

これですと、お互いに無理に喋らなくとも、それぞれが黙々と作業していても、つまり沈黙が続いていても、その間に、共感的なおだやかな時間を過ごすことができます。

これと似たことでは、女性のカウンセラーが女子生徒のクライエントとともに、編物などの作業をすることが挙げられるのではないかと思います。

ご参考までに、コラージュを勉強されたい方に、『子どものアートセラピー――箱庭・描画・コラージュー』（森谷、一九九五）をお勧めします。これは、タイトルでおわかりのように、他に箱庭（後で取り上げます）と描画も紹介されています。

⑤ スクリブル

スクリブルは、いわゆる「なぐり描き」のことで、ナウンバーグというアメリカの女性精神科医が考案した一種の絵画療法です。絵画療法といっても、少しも構えなくてもよいのです。なにしろ、このスクリブルは子ども用に工夫されましたので、方法はいたって簡単です。

方法は、白い紙（A４判かB５判程度）に、鉛筆（筆者はボールペン）でカウンセラーが「ぐるぐる描き（一筆書きか、あるいは曲線を適当に組み合せる）」をして、クライエントに〝これに何が見えるか〟と問います（もともとのオリジナルでは、クライエント自身が「ぐるぐる描き」をするようです）。そこで、クライエントは、これに何かを見いだして描き（例えば、犬とか、魚とか、山など）、その後クレヨン（筆者は色鉛筆かクーピーを使用）で彩色します。時間的には、数分から十分程度でできます。これを、二枚、三枚と実施しても結構です。できあがったものには、特にコメントをする必要はありません。ただ、〝へえー、おもしろいのができたね〟〝すごいねー〟などと感心していれば充分です。クライエントが表現できること自体が大切なのですから。

このスクリブルのメリットは、なんといっても簡単に実施できることです。用具がほとんど手間のかからないもの（紙と鉛筆とクレヨン）であり、短時間でできることです。クライエントへの説明もほとんどいらないほどです。ほとんどのクライエントは、このスクリブルを「遊び」として（実際に遊びそのものなのですが）取り組むことができますし、自分の心が開放的、発散的となる経験をするでしょう。

したがって、このスクリブルの活用は、特に小学生の低学年の子どもに向いているのではないかと思います。「ぐるぐる遊び」などと呼んで実施してみてはどうでしょうか。筆者は言語面接と組み合わせて、ちょっとした導入、きっかけ、気分転換といった意味合いで高校生に実施することがあります。これをやると、クライエントの心がぱっと開かれるような感触があります。もちろん、高校生であっても充分実施は可能です。

⑥ MSSM

MSSMというものをご存じない方が多いと思います。これは、山中康裕先生が考案された描画による遊戯療法（山中先生によれば「表現療法」）の一種です。どこでも容易に実施でき、かつ、すぐれて交流的、治療的です。

簡単に紹介します。まず、必要なものは、白い紙（八つ切りかA4の画用紙である程度厚いコピー紙がよい）、黒サインペン（ボールペン）、鉛筆（筆者はボールペンを使用）、クレヨン（筆者は色鉛筆かクーピーを使用）、これくらいです。

最初に白い紙にカウンセラーが黒のペンで枠を描きます。次に、これをクライエントにいくつかに（六つから八つくらいが適当でしょう）仕切ってもらい、一番最後に取っておくスペースの隅にマルをつけておきます。

これで描画が始まりますが、初めはカウンセラーが一つのスペースを選び、そこに「ぐるぐる描き（前述）」をしてクライエントに交替します。クライエントはカウンセラーの描いたぐるぐる描きを利用して、描き足して何かの絵にして色をつけます。

一つが完成すると、今度は役割を交替して、クライエントがぐるぐる描きをしてカウンセラーに渡すことになります。

こうして、スペースが最後の一つになるまで続けられます。

最後に、その取っておいたスペースに、クライエントがこれまでの絵をすべて使用して（順番は自由）、お話を作ってそこに書いてもらいます（山中先生は、クライエントが語るのをカウンセラーが書き取る、という方法でなさっています）。

完成したら、クライエントに読んでもらって（カウンセラーでも結構です）その作品を味わい、その作品をめぐって多少の応答ができれば応答をします。

以上がMSSMの概略です。最初に言いましたが、クライエントとカウンセラーが交互に描きますので、自然な交流が生まれますし、バラバラのものを最後にクライエントが統合するという作業がありますので、これがクライエントに治療的に働いたり、自我を強化したりするという意味があると思われます。

そして、何よりもこの一連の過程が楽しいのです。一つのものを作り出す、まとめるということで、相当な満足感、カタルシス、納まった感じ、などが得られるようです。これに適した（はまった）クライエントは、何度も連続して作ってくれます。

一つ代表的なストーリーを紹介します。

〝あるところに一人の女の子が住んでいました。ある日、女の子が家の外に出てみると、突然空から大きな鳥が舞い降りて、女の子をくわえて飛んでいきました。女の子は、それで世界中を旅して、ある島に降りました。すると、そこは小人の世界で、女の子はそこの女王になりました。そこで楽しく暮らしていると、家が恋しくなったので、帰ることにしました。その時、小人たちは女の子に大きな袋を渡してくれました。それをもって女の子は、イルカの背中に乗って、海を渡って家に帰りました。家に着いて、女の子が袋を開けてみると、なかから金やダイヤがいっぱい出てきました。それで女の子は大金持ちになって幸せに暮らしました。おしまい〟

と、まあこんな具合なのです。だいたい、こんなふうにストーリーはめちゃくちゃになることが多いのです（したがって、面白い）。想像の世界で伸び伸びと遊べるわけですね。

詳しくは、山中先生（一九九九a、一九九九b）の著者を参照してください。

⑦　箱庭

いまさら説明の必要がいらないほど日本中に普及しましたので、説明を省きます。これもすぐれて治療的ですが、いわばコラージュの三次元バージョンとでも言えるのではないかと思います。適応年代は小学生から高校生まで、いずれでも問題ありません。ただし、これを保管する場所の問題、揃えるお金の問題がありますので、コラージュのように思い立った日にすぐ始めるというわけにはいきません。しかし、筆者の身近には、箱庭を公費や私費で入れるという先生方がずいぶん増えてきました。

筆者は、相談室に箱庭を私費で置いていますが、生徒がこのおもちゃを初めて目にする時の言葉の多くは、〝こんなの学校に置いといていいの〟でして、目は喜々として輝くと同時に少し呆れたような表情をします。生徒にとっては、このような「遊び」の空間が、学校という硬い場のなかにあるということが信じられないようなのです。このことだけでも箱庭が「接点」となる可能性が十分あると思われます。

実際には、箱庭を作る場合、経験的に一回平均三十分くらいです。もちろん、個人差がありますので、短いクライエントで五分（ほとんど、表現することに抵抗があるか、それだけの自我の強さがないかです）、長いクライエントは一時間の面接時間をまるまる使うこともあります（この場合、話しをすることへの抵抗が働いている可能性もあります）。

筆者は、多くの場合、面接時間の前半は言語によるカウンセリングをして、後半は箱庭を実施するという形をとります。もちろん、クライエントのニーズに応じて、後半もそのままカウンセリングをすることもありますし、クライエントが、今日は初めから箱庭を作りたいと言えば、それに応じて一時間をまるまる箱庭に使う場合もあります。

箱庭の効果は、もちろん、作品としての「自己表現」ができることも大切ですが、なによりも「遊べる」ということです。問題を抱えたクライエントは、多くの場合ゆとりをなくして、遊べていません。そのようなクライエントが遊べることは、これ自体すごい意義をもっていると思います。それから、砂に触るということの意味もあります。砂は、人を退行的にさせる（それだけ素直にさせる）とともに、接触欲求を満足させます（つまり、母子のアタッチメントの代理、象徴と考えられます）。ですから、このように砂に触り、おもちゃで遊ぶということが、しかも、安全な守られたスペースのなかでできるということは、非常に治療的であると思います。

一つ例を紹介しておきます。

ある女子のクライエントは、初回の作品で、大蛇に飲み込まれそうになっている女の子というテーマを表現しました。これなどは、そのイメージが訴えているものを、ストレートに理解することができました。このクライエントは不登校だったのですが、母親に密着して保護してほしいという気持ちをもっていると同時に、まさしく母親に自分が飲み込まれてしまう、という思いを抱いていたのでした。

このような母親に対するネガティブな気持ちは、クライエントがよい子であればあるほど認めたくないので、なかなか言語では表現できません。それが、箱庭という媒体を与えられたことにより、ストレートにその思いを表現することができたのです。

⑧ ゲーム、スポーツ

ほとんど男子のクライエントですが、ゲームやスポーツが接点となって、毎回の話題がこれを中心に展開するという事例もあります。

ゲームは、漫画や映画と同じく、自分が主人公となって疑似体験をするという意味がありますが、より、能動的、主体的であると思います。なぜなら、自らコントローラーを駆使して、瞬時の判断をしながら、進むべき道を選択しなければならないからです。具体的なゲームの種類としては、断然、ロールプレイングゲームが多いです。

一方、スポーツは、多くの場合、クライエントは現実に今そのスポーツをやってはいません。自分がかつてそのスポーツをやっていたため、あるいはやっていなくとも、好きでよくテレビで見ているのです。具体的には、なぜかサッカーが多く、週に二回のJリーグの中継や、海外の試合をテレビで欠かさず見ています。

いずれにしても、ゲームにしろ、スポーツにしろ、かなりの時間を集中して過ごしています。その間、はらはらどきどきしながら、相当な感情も動いているものと思われます。もちろん、自分の果たせない欲求（活躍したい）を代理的に満足させてもいます。

このような特徴から考えますと、ごろごろ、ぼーとして過ごしているように見えても、子どもの心の中では相当な活動がされている、と考えられるのです。

実際的には、ゲームであれば、そのゲームに登場するキャラクターの説明から、ゲームの特徴、今どの段階にいるのか、そこの難しさはどういうことか、なぜそのゲームが好きなのか、というようなことまで、毎回話題となって繰り返されます。そして、一つのゲームが攻略されると、次の新しいゲームに移るわけです。

スポーツであれば、そのスポーツにどのような魅力があるのか、どの選手が好きか、どのポジションが好きか、そのひいきのチームの特徴、戦術、成績はどうか、今週の試合を振り返って何を思うか、自分だったらどうしたか、などについて話題となるわけです。

これらの話題は、直接はもちろんのこと、間接的にも、自分のことを語るわけではありません（もちろん、それなりの投影は働いています）ので、クライエントは安心してしゃべることができます。

筆者はこれまで行ったことはありませんが、ゲームとスポーツは、カウンセラーがクライエントと一緒に行うことも考えられます。たぶん、クライエントが小学生か中学生の場合は可能だと思います。

ゲームであれば、一緒になってゲームをします。この場合、たいてい、子どものほうがうまいので、カウンセラーは「教えてもらう」「待ってもらう」「がまんしてもらう」こととなり、クライエントと立場が逆転するというような現象が生じてきます。このことにより、二人の関係が親密になり、クライエントがそれによって自信をつけるという体験となるならば、意味は大いにあると思います。

しかし、カウンセラーがそのゲームがあまりにも下手のままならば、数回はクライエントがおつき合いしてくれるかもしれませんが、接点として長続きしないでしょう。そのためには、カウンセラーはそこそこの努力を普段からする必要があります。実際に、将棋やオセロを、カウンセラーも真剣に勉強したという例を聞いたことがあります。

一方、スポーツであればもちろんスポーツを一緒にします。種目としては、筆者の知る範囲では「卓球」が一番いいように思います。部屋のなかでできますし、クライエントもカウンセラーも上手でなくとも始められ、継続すれば必ずほどほどの上達をすることができます。球を通して交流もできますし、攻撃性の発散とコントロールをする意味もあります。

ある例では、不登校の小学生男子の家に先生が家庭訪問されまして、毎回戸外でキャッチボールをされました。初めは、生徒のボールはへなへなだったのですが、一か月もすると、「ビュー」「パン」とすばらしい球を投げられるようになりました。すると、不思議なことにその生徒は登校を始めたそうです。

これなど、まさしく接点を通した交流がうまくいった典型と思われます。このように、接点を通した交流には、自然にクライエントが自信を身につけることができる、というメリットがあります。

⑨ 夢

夢は、接点として一番難しいのではないかと思います。特に、「夢分析」ということになると、カウンセラー側に相当の力量が必要です。生半可に手をつけると、興味だけが先行し、「夢分析ごっこ」となって、少しも治療的でなくなる可能性があります。それどころか、クライエントが夢（＝無意識）に開かれて、自我の力ではコントロールできなくなってしまう（つまり、混乱を広げたり、病理を引き出したりしてしまう）、という弊害が懸念されます。このような危険を感じたならば、夢は、むしろ扱わないほうがよいと思います。

一般に、夢が接点として利用できるのは、クライエントの健康度がある程度高い場合です。そして、夢が自発的に報告されたり、カウンセラーが少し水を向けて、ある程度積極的に夢が報告される時、夢を扱ってもよいと思います。

この夢の扱いですが、立場によっていろいろと異なると思いますが、筆者の考えでは、夢を、箱庭やコラージュの作品と同じように、「一緒に味わう」という態度がよいのではないかと思います。

具体的には、カウンセラーが「どんな夢を見ましたか」と問い、クライエントが〝不思議な夢を見ました。空から龍がやってきて、僕に一つの玉をくれました〟という夢を報告したとします。「それは不思議だね……」とまずは感動して、「どんな感じの龍だったの」〝大きくて、黒くて、目が光っていて、鼻からヒューヒューと息が漏れていて、恐ろしかった〃「へえー、それで」〃すると、その龍は口のなかからビー玉みたいな玉を取り出して僕にくれたんです〃「そうか、玉ってなんだろうね」〃……うーん、なんか大切なものかな……〃「そうかもしれないね。それを龍にもらった。じゃあ、龍って、どんなイメージ？　どんなこと思いつく？」〃うーん、……恐いけど、悪い存在じゃあない。神の使いかな〃「うん、神の使いね……」とまた感動して味わう。「もらった玉がどんなものなのか、これからわかっていくといいね」「この夢は君に何かを伝えようとしている大切な夢かもしれないので、大切にとっておくといいね。また、後からこんな意味だったとわかることもあるから」と、こんな言葉で終わったりします。

もう一つ、もう少し現実的な夢を取り上げてみます。

クライエントが〃暗い道を一人で歩いていたけど、どこへ行くのかわからない〃と報告したとします。「暗いって？　夜？」〃そうです〃「暗い道を一人、どんな感じ？」〃なんか、寒くて、寂しいような……〃「そうか、そんな感じね……どこへ行くのかわからない？」〃はい、一所懸命進んでいるんだけど、どこへ行くのか、何のために行くのか、わからないけど……〃「わからないけど行かなきゃならない？」〃はい、そんな感じです〃「……」〃……〃

（ここでしみじみと味わいます。ここで終わってもいいのですが）

「この夢からどんなことを思いましたか」〃……なんか、今の自分の状況そのものかなあ、と……〃「どういうこと？」〃進まなきゃいけないと焦っているけど、どっちへ行ったらいいかわからない〃「例えば？」〃例えば学校へ行くべきか、やめて働くべきかとか……〃「そうか、そういう自分の気持ちが夢に出ているると思うんだね」と、まあ、こんな具合に話が展開できれば、相当な力をもったクライエントと言えましょう。ここから、さらに、学校へ行くこととかやめて働くことなどについて、話していってもいいでしょう。

このように、夢の取り扱い方はいろいろとあります。不思議だねと、味わうことに留めておいてもいいですし、夢をめぐって先述の事例のように話をしてもいいと思います。ただし、注意したいのは、早計な解釈をしないことです。特にカウンセラーからの解釈は慎重であるべきだと思います。それによって、クライエントを方向づけることにもなりかねません。クライエントの解釈にも、カウンセラーは「そういう見方もできるかもしれないね」くらいの態度でよいと思います。それぐらい、夢というのは、多義性、可能性をもったものと思いますし、これを大切に抱えていくと、やがて、イメージの意味が明らかになってきたり、イメージが変化していくことがあります。

注意したいのは、夢があまりにも多く報告されたり、あまりにも凄まじい内容であったりする場合です。このような場合は、カウンセリングのなかで夢を探索的に聞いてしまうと、先述したように、無意識の世界が広がり過ぎて（漏れ出て）クライエントが、その無意識の流れに圧倒されてしまう危険が生じます。この時は、クライエントが夢を報告するのを、カウンセラーは聞くだけに留め、あるいは、現実的な話題（今週は何がありましたかなど）に切り替えていくことが必要と思います。また、「今、こんなに夢を出してしまうと、あなたの混乱が大きくなり過ぎる気がしますから、いっぺんに出さないで留めておきましょう」と言って、夢の表出をとめることができるかもしれません。

いずれにしましても、夢を扱う時は、慎重にも慎重を期してください。夢についてもっと詳しく知りたいという方には、『夢分析と心理療法』（鑪、一九九八）をお勧めしておきます。

接点に関する補足

まだまだ、他にもいろいろな接点があると思いますが、ここでは、割愛させていただきます。各先生方で自分の得意なものを利用されればよいと思います。例えば、他には「釣り」「コンピューター」といった趣味を利用された例も聞いたことがあります。本当に何でもいいのです。

また、多くの接点は、クライエントがその場で自分を自由に表現できたり、カウンセラーとクライエントとの交流となる特徴をもっていますので、いわゆる「プレイセラピー」という要素が強くなってきます。

いずれにしても、このような接点は、カウンセラー側が幅広くもつことが大切であることは言うまでもありません。もし、カウンセラーがクライエントの提示する接点についてまったく知らないとしたら、そのため、クライエントの話しを興味をもって聞けずに退屈してしまうとしたら、クライエントは聞いてもらっていないと感じ、もうそれ以上話しをしてくれないでしょう。つまり、それ以上心を開いてくれないということです。

したがって、カウンセラーにはそれなりの努力が必要となります。クライエントが関心をもっている種々の領域について、カウンセラー自身が興味をもち、楽しめることが大切でしょう。自分でも実際にそれを見たり、経験したり、また面接の場面では、クライエントの話しに対して、〝へえー〟〝ほうー〟などとややオーバーに感心したり、〝もっと詳しく教えてくれる？〟と尋ねたりします。

さて、ほとんどの接点には、「イメージ」が媒介となっていることにお気づきでしょうか。漫画、映画、絵本、コラージュ、箱庭、夢など、すべてそうです。接点というものを考える時、このイメージなしでは考えられませんし、実際に、種々のイメージにより展開していくことが多いのです。

そこで、もう少しイメージについて補足しておきたいと思います。

河合隼雄先生(一九九一)は、その著書、『イメージの心理学』のなかで、イメージの特性として、「自律性」「具象性」「集約性」「直接性」「象徴性」「創造性」があるとされています。

筆者は、イメージにはこのほかに「治療性」があると考えています。そのようなイメージを、クライエントが表出できた（体験できた）ことで、また、カウンセラーと共有することで、クライエントは癒されていくとともに、カウンセリングが深まっていくのではないかと思われます（例えば、ギリシャ時代の神殿は、そこに心身の病んだ人が籠もり、神からの御告げの夢を見ることで癒されたとされています)。

さらに河合先生は、イメージを扱うときは、カウンセラー側の「コミットメント」が必要であり、それが、言語と非言語の両方においてなされる、ということを指摘しています。しかし、わけのわからないものにコミットメントすることに不安を覚える方や、逆に、のめり込んでしまう方がいるかもしれません。この場合、イメージにコミットメントしながらも、それを理論的にとらえていくこと(つまり、ユング心理学や神話などの勉強をすること)も同時に大切でしょう。

また、このようなイメージに対する感性・理解力を身につけることは、いわゆるカウンセリングの「センス」を磨くことにもなると思われますが、いかがでしょうか。

この意味では、今すぐ自分がこのようなイメージを扱うカウンセリング(夢、箱庭、コラージュなど)をするわけではないとしても、イメージについて学ぶことは、十分意義があるものと思います。特に、学校カウンセリングでは、クライエントは言語的表現が苦手な子どもであることが多いので、非言語的なイメージ表現である、コラージュ、箱庭、描画の活用がもっと図られてもいいのではないかと思います。

プレイセラピー

筆者は、高校の相談室担当なので、直接子どもに対してプレイセラピーを実施することはありません。しかし、これまで紹介した接点のうち、「絵本」「コラージュ」「スクリブル」「MSSM」「箱庭」「ゲーム、スポーツ」などは、まさしくプレイセラピーそのものであったり、プレイセラピー的であったりします。そういう意味では、筆者も、限られた範囲内ですが、日常的にプレイセラピーにかかわっていると言えます。

実際に、クライエントが小学生の場合、言語的なカウンセリングよりは、子どもが自由に自己表現できる「遊び」を中心にしてかかわりをしたほうが、ずっと効果が高いこともあることは容易に想像されます。事実、小学校のなかにプレイルームを設置し、そこに担当教員（通級教室担当、適応指導教室担当など）を置くというところもあります。最近は研究会で発表される事例も、プレイセラピーによるものが出てきました。

では、学校という場で、どんなプレイセラピーができるのか、何が必要なのか、すこしお話ししておきたいと思います。

まずは、小学校で、プレイルームが確保できる場合ですが、種々の玩具やゲーム（テレビゲームよりは普通のゲームのほうがよいかもしれません）、玩具の野球・ボーリング・テニスの各セット、パンチキック、大きなブロック（組立ができるもの）、あとは、画用紙や粘土があればよいでしょう。その他のものは、各自で工夫されればよいかと思います。箱庭を置く場合には、部屋のなかに洗面台があることと、床に水や砂がこぼれても大丈夫なように工夫（カーペットをひくなど）が必要です。

この部屋のなかで、子どもは何をしてもよい（怪我をする・させるようなこと、物を壊すこと以外）と保証されるわけです。

するとと、多くの場合には、初め遠慮していた子どもが次第に大胆に遊べるようになってくることでしょう。次第に、プレイルーム以外でも行動が変化する（元気になってくる）はずです。この時、遊びの主体は、子どもにあるということを忘れないでください。カウンセラーのほうからあれやろうか、これやろうかと誘ってしまいますと、子どもが先生に合わせるようになり、子どもの自主性は育ちません。

次に、中学校や高校の相談室（もちろん、小学校でも可能です）でできることを考えます。スペース的に、体を動かすような遊びやスポーツはできないと思いますので、ゲーム（オセロ、将棋など）、絵本、画用紙などに限られるでしょう。筆者の相談室のように、箱庭を設置することも可能となる場合もあるでしょう。

このような場所では、クライエントによっては、毎回がプレイセラピーで過ごすということが続かないかもしれません。この場合、無理にプレイセラピーにしなくとも、話したいことがあれば話してもよいこと、あるいは、ここで自由に過ごしてよいことを、子どもに伝えます。例えば、プレイセラピーと言語面接が半々であっても結構ですし、プレイしながらのおしゃべりでもいいかと思います。また、小中学生の場合、子どもが、家からも ち込んだプラモデルや刺繍をやりたい場合、そばで見ていたり、一緒にやったり、ということでも結構かと思います。

もう一つ、可能性としては、学校内の施設を利用することも考えられます。例えば、体育館でバドミントンや卓球、バスケットをやったり、図書館で本を見たり、あるいは家庭科室で料理を作ったりといったこともできるかもしれません。

要は、子どもが、その場で安心して自己表現ができるような環境があればよいわけで、そこでは何をしても構わないのです（ただし、中高校生の異性への身体接触は、転移・逆転移やセクシャルハラスメントの問題から注意したほうがよいと思います）。

このような場は、「構造」のところでもお話ししましたが、外界から適当に遮断されていること、つまり声や音が漏れ過ぎたり、覗かれたり、不意に誰かに侵入されたりしないことが大切だと思います。また、カウンセラーが子どもの自由な表現を許容する雰囲気を醸し出していることも必要でしょう。

このような場のことを、箱庭の創始者であるカルフ（一九六六）は、「自由にして保護された空間」と、いみじくも命名しています。

ところが、現実的には、学校内の場所でそのような条件を満たすことは難しいこともありましょう。そこで、それぞれの空間の限界のなかで、各自が工夫すること(例えば、カーテン、スクリーン、衝立などを設置するなど）が必要となってくると思います。

学校という「硬い」場に、プレイという「柔らかな」ものがあるということは、ずいぶん意味あることではないかと思います。

9　関係継続

次に、「関係継続」についてお話しします。

一般に、カウンセリングというと、何か「深い」ことをやらないといけないように考えられていないでしょうか（もちろん、カウンセリングは、ふん、ふんと聞いているだけという浅い理解もありますが）。そこで、教師カウンセラーの多くが、自分のやっていることはカウンセリングかどうかと気にしています。

このことについて、河合隼雄先生(一九七〇)は『カウンセリングの実際問題』のなかで、ある教師カウンセラーの質問に答えて、〝自分のしたことがカウンセリングであるだろうかと反省する前に、自分のしたことは役に立っただろうかを考えてください〟と述べています。「役に立つ」という観点がまず大切であり、自分のカウンセリング観に固執するあまり、そのカウンセリング以外はいっさいしないとすれば、本末転倒でしょう。

そこで、筆者が提唱する、学校カウンセリングの重要な技法として、「関係継続」を挙げたいと思います。「関係継続」とは、もちろん、クライエントとカウンセラーによるカウンセリング関係の継続のことです。つまり、そのような関係を継続すること自体に意味を認めて、そのためには何でもありと考えるわけです（お喋り、ゲームをする、テレビを見るなど)。これを筆者は最近、「関係継続志向カウンセリング」と命名しました。

関係継続の意味

問題を抱えたクライエントはたいてい、人間関係につまずき、人間不信になっています(いわゆる、問題・病理の重いクライエントの場合、乳幼児期の母子関係において「基本的信頼感」を十分経験できていないことが多いのです)。そこで、カウンセラーとの間で安定した「二者関係」を経験することに、大きな意味があると思われます。そのためには、無理にカウンセリングを深めずに、クライエントがとりあえず安心して過ごせるような時空間を保証することが大切であると思います。そこで、先述したような「接点」を通した交流が意義をもってきます。

以前読んだあるアメリカの研究では、多くのクライエントは、カウンセラーとの言語的な交流ではなく、情緒的な交流、つまり、カウンセラーに感じる安心感を高く評価していました。この結果からも明らかなように、クライエントはカウンセラーに「情緒的に支えられる」ことに意味があるのです。

したがって、関係継続は、まさしくこのクライエントを情緒的に支えるということを実践していることになると考えられます。筆者の場合、カウンセリングは、主に言語による内省・洞察を一応の目標としていますが、まずこのような「関係継続」を優先するため、なかなかクライエントが内省的になりません。しかし、このような関係に支えられてか、最終的には、どの事例にもある程度の変化が認められ、一応の終結に至ります（最近の筆者の百事例では、終結は約八割強、中断が約一割強です）。

学校カウンセリングでは、「治療的カウンセリング」といえども、そうは劇的な事例があるとは思われません。むしろ、大部分は、このような「関係継続」を優先したほうがよい事例ではないかと思います。それだけクライエントの健康度が高い事例が多いということです。

関係継続の方法

先に、関係継続のためには何でもあり、と述べました。では、全く自由に何をしてもよいのか、という問題が生じてきます。例えば、不登校のクライエントと映画を見に行くとか、相談室から出てもいつも一緒にいるとか、お互いの家に遊びにいくとか、プレゼントを交換するとかはいかがでしょう。このようなかかわりを、なんとなく（あるいは、必要と判断して）行っている先生もいるようです。

この場合、クライエントと親密にはなるかもしれませんが、つまり友達の関係にはなれても、カウンセリング関係にはなりにくいのではないかと思います。なぜかといえば、クライエントは、カウンセラーに親密感を増して依存的となり、次第にカウンセラーは疲れ果てていくという道筋が見えているからです。すると、カウンセラーはいきなりすべての努力を放棄してしまいます。クライエントは見捨てられたと感じます。

そこで、原則は、カウンセリングの枠組みを守りながらも、そこをはみ出したいクライエントの気持ちを受けとめることが大切でしょう。つまり、気持ちは認めるが、行為は認めないということです。この時、もし枠組みが守れない場合は、何がそうさせているのか、どんな意味があるのか、ということを考えることが大切だと思います。

10 バランス感覚

「バランス感覚」ですが、実は、これは、本書の基になる論文を書いた時にはありませんでした。その後、いろいろな機会に学校カウンセリングについて書いたり、まとめたりしているうちに是非必要と考えるに至りました。

教師とカウンセラー

教師カウンセラーは、当たり前ですが、「教師」であり、「カウンセラー」です。それで、以前述べましたように、〝自分がカウンセラーなのか、教師なのかというアイデンティティが揺ら〃ぎます。このような不安定さが、カウンセリングにマイナスの影響を与える可能性は言わずもがなでしょう。そこで、そのような曖昧さに耐えて安定していられることが、大切となります。しかし、これが難しいのです。

一つ例を挙げましょう。

筆者がまだ教師カウンセラーとして駆け出しの頃、ある不登校の生徒に訪問面接を実施しました。そこで、何回かの面接の後、ある回で、テスト前ということで、テスト勉強をみてくれるようにと頼まれました。この時、筆者は困ってしまいました。筆者としては、カウンセリングをしに来ているのであって、家庭教師のつもりで来ているわけではないという思いが湧いてきました。

皆さんであればどうされたでしょう？

結局、筆者は勉強をみたのですが、その後、筆者のアイデンティティがぐらぐらとしていたのを覚えています。この時、筆者は、先述した河合隼雄先生（一九七〇）が、〝子どもにカウンセリングをしたかどうかではなく、子どもに役に立ったかどうか、というほうが大切である〃と言われているのを読んで、そうなんだ、これだ、と救われたような気がしたのを覚えています。

今思えば、それでよかったと思います。もし、この時筆者が「カウンセラー」としての面子にこだわり、カウンセリングに徹しようとしていたら、その生徒との関係はそこで切れていたかもしれません。

このように、教師カウンセラーとしては、生徒が時に「教師」を求めてくる場合があることを念頭に入れておく必要があると思います。また、逆に、「教師」という面子にこだわれば、例えば、不登校の生徒を何とか登校させようということばかりに終始すれば、当然、生徒との関係は形成できないことは言うまでもありません。

ここが、「教師」と「カウンセラー」とのバランス感覚が必要とされる所以です。

ジェネラリストとスペシャリスト

次に、教師カウンセラーには、「ジェネラリスト」と「スペシャリスト」であることのバランス感覚が必要と言えます。

教師カウンセラーのかかわるクライエントは、何も臨床心理学の専門性が求められるばかりではありません。また、ごく普通の生徒の、愚痴を聞く、進路相談をするなど、幅広いニーズにも応える必要があります。むしろ、こちらのニーズのほうが数的には多いというのが、筆者の感想です。

したがって、教師カウンセラーは、特定の手法や理論（例えば、箱庭や夢分析など）に則ったエキスパートとしての「スペシャリスト」という面も必要ですが、同時に「ジェネラリスト」として何にでも対応し、相談の窓口を広くすることも大切です。それが、少数の深刻な問題を抱えた生徒が、相談室により入りやすいという条件を整えていることは間違いないのですから。

もちろん、「スペシャリスト」としての面も重要で、少数であっても、その生徒の問題を正確に「見立て」て必要な対応がとれることは、「スペシャリスト」としての専門性があってのことです。ここは、先生方の単なる熱心さだけでは、なんともならないところでしょう。

現実適応と内界重視

先に、「内的構造」のところで、教師カウンセラーは、他の大人とは一人異なる立場をとることが大切であると言いました。つまり、教師ではなく、カウンセラーという役割に徹することが大切である、ということです。このことから、カウンセリングの目標を考えますと、クライエントの現実的な適応よりは、内界の変容（変化）を重視すると言えるかもしれません。

例えば、不登校の生徒がいるとすると、カウンセラーとしては、そのクライエントが学校に行くということを目標として優先するよりも、クライエントが自分の内界を見つめ、自分自身について理解を深め、その不登校という行動の意味を見い出すというような、つまり、内的な変化を重視するということが考えられます（もちろん、行動療法のように、登校するという行動の改善を目指すカウンセリングもありますが）。

したがって、例えばそのクライエントが高校生の場合、現実的には欠席がかさみ留年、退学となるかもしれません。しかし、それはそれで必要な時間だったのであり、無理に登校することは、一時的な、臭いものに蓋をするような対処であり、かえって問題解決の先送りをしているだけとも考えられるのです。もちろん、クライエントが自分を見つめた結果、やはり、今は学校に行くことが大切だと納得して登校するならば、それはそれで喜ばしいことです。

しかしながら、学校の教師としては、そのようには割り切れないのが普通ですし、担任であれば、なんとかして学校に復帰してほしいと願うことは当然です。

では、教師カウンセラーとしてはどうでしょうか？

たぶん、カウンセラーの態度を優先しながらも、教師としての願いも無視できない、というバランスを考えるのではないでしょうか。つまり、言い換えれば、クライエントの現実適応と内界重視のバランスを考慮する、ということです。

具体的には、例えば、先ほどの不登校であれば、時を見て登校刺激（学校のことをどう考えているか、学校に行けそうか）をしてみて、クライエントに学校を意識するきっかけを与えてみるというような働きかけをしつつ、クライエントの心の流れに寄り添っていく、というような工夫が必要でしょう。当然、専門機関のカウンセリングと比べて、学校に関する話題が多くなることでしょう。もちろん、蛇足ですが、学校のことを話題にしたとしても、クライエントの気持ちを無視したような話は当然控えられるべきでしょう。

その他のバランス感覚

このバランス感覚は、その他にもいろいろな面で重要ではないかと思います。例えば、後に詳しくお話しする予定ですが、「校内の連携と秘密の保持」ということについても、どちらかだけでやっていこうとすることは実際的ではありません。その両者のバランスが、学校事情にしたがって、あるいは事例ごとに必要となるのではないでしょうか。

これは、多くの教師カウンセラーやスクールカウンセラーの方が実感されていることではないかと思います。

他には、言語的なカウンセリングと、非言語的な媒体（例えば、箱庭、コラージュ、描画、漫画、絵本など）をどのようにするのかというバランス感覚もそうです。自己表現の苦手なクライエントが多い（高校生であっても）ので、非言語的な媒体の果たす意味は十分ご理解いただけると思いますが。どちらかだけでやっていくというのも、やはり実際的ではないと思います。

この他にも、筆者が強調している「構造」についても、原則は面接の「構造」を守りながら、それを必要に応じて柔軟にすることもバランス感覚につながるのではないかと思います。

このように「バランス感覚」は、学校カウンセリングのあらゆる場面で必要とされるといっても過言ではありません。したがって、教師カウンセラーにとって、バランス感覚に優れていることは、必須の条件ではないかと思います。

11　能動性

次に、「能動性」についてお話しします。

一般に、カウンセラーは能動的というよりは、受動的な役割を取ります。例えば、相談室にクライエントが来るのを受動的に「待つ」わけですし、「聴く」という態度が尊重されるように、面接中も受け身的な態度を取ります。このような、カウンセラー側の「受動性」があって初めて、クライエントは自分の「自主性」を発揮することができると考えられます。したがって、カウンセラーのほうから積極的な言動を取って、クライエントをカウンセリング関係のなかに引き込むのは余計なおせっかいであって、心理の専門家はそのようなことはまず行いません。

ところが、学校カウンセリングで考えますと、その対象となるのは（相談室にしろ、訪問面接にしろ）比較的面接意欲・動機の低いクライエントが多く（それだけ、健康度が高いとも言えますが）、クライエントの全くの自主性に頼っていてはだれも来談しないということにもなりかねません。そこで、そのようなクライエントには、担任や養護教諭からの勧めを待つだけでなく、カウンセラーから担任や養護教諭に働きかけて、クライエントの来談を促すというカウンセラーの能動性を発揮することも大切でしょう。

特に、訪問面接の場合は、家に引きこもっているクライエントに、カウンセラーが押しかけていくという(しかも、夜、遠方までということもあります)、ある意味では一方的かつ相当なカウンセラーの能動性がなければ成り立たないものと言えます。

また、自主的に来談したクライエントでさえ、次回の面接に来ないこともありますし、ある程度継続した面接ができている場合でも、一時的な問題解決をみて突然中断(クライエントにとっては終結?)することもあります。

このような場合、「去るものは追わず」式でそのままにしておいたほうがいい場合もあるでしょうが、カウンセラー側から声をかけて再開のきっかけを作ったほうがいい場合もあると思います。

ではここで、具体的に、筆者が能動性をかなり発揮した事例を紹介します。

あるいじめの事例ですが、いじめられた生徒が教室に入れないという事態になりました。学校側の初期の対応はあまりうまくいかず、問題はますますこじれてしまいました。そのため、学習権や精神的な苦痛をめぐって裁判も辞さない、というところまで深刻になってしまいました。

この時点で、筆者がかかわることになったのですが、相談室のなかだけでクライエント(この場合いじめられたほう)の話を聴いているだけでは(いじめた相手や対応のまずかった学校へのすさまじい攻撃でした)、いっこうに問題の解決に至るようには思えませんでした。現実問題として、クライエントは、いじめた側に謝罪を求めていましたので、こればかりはクライエントだけを相手にしていては解決できず、そのままでは裁判ということになり、関係者みんなが深く傷つくのは目に見えていました。

そこで、筆者は、相談室におけるクライエントとの関係という枠を破り、相当能動的に活動して、担任や管理職に働きかけたり、いじめたほうにも直接働きかけたりして、最終的には、両者の和解をセッティングすることができました(もちろん、これでクライエントの気持ちが収まり切ることはなく、その後も卒業まで相談室でおつき合いをしました)。したがって、この事例の場合、筆者が、カウンセラーの原則に則って受身的にしていたのでは、まったく解決には至らなかったと思います。

学校カウンセリングでは、このように必要に応じてカウンセラーが能動的に活動することが大切ですし、また、そのようにできる環境(人的資源)が整っているとも言えます。本事例では、筆者は、面接室の枠を越えて種々の人の関係調整的な活動を相当行ったわけですが、これは、いわゆる、「コーディネーター」の役割を果たしたとも言えます。

このような関係調整を、熱心に行っている教師カウンセラーの方の報告をよく聞きますが、筆者の考えでは、そのような活動は二義的であるべきだと思います。

なぜなら、まず、クライエントとのカウンセリングが第一であると考えているからですし、そのようにカウンセラーが動いてしまうことで、クライエントの自主性(本当は、クライエント自ら動くべきだったかもしれません）や担任や親の活動（本当は、それらの人が動くべきだったのかもしれません）を奪ってしまうことになるからです。

ですから、カウンセラーの態度としては、原則は、第三者としての役割をもって非日常的な時空間内でのカウンセリングに限定すること、それ以外は、たとえ気になっても我慢して行動はとらずに見守っている、というのがよいのではないでしょうか。

したがって、もし、面接の枠を越えて活動する時は、それ相当の、カウンセラーの覚悟と見通しをもって行うべきだと思います。

呼び出し面接と呼びかけ面接

さて、学校におけるカウンセリングには、「呼び出し面接」などという言葉がありますが、ご存じでしょうか。これは、気になる生徒を相談室へ、教師カウンセラーのほうから呼び出して、そこからカウンセリングを始めることを指すようです。

これについて、坂本昇一氏（一九九四）は、「学校カウンセラーのアプローチ」のなかで、「自発相談」として学校カウンセリングが始められることを強調し、〝実際上のこととして、相談すべき問題や悩みなどをもっているらしい児童生徒がカウンセリング・ルームになかなか行かないということもある。このような場合でも、「呼び出し相談」を行うことは望ましくない〟とし、〝「呼び出し相談」でなくて、「呼びかけ相談」〟を行うべきとします。

つまり、坂本氏によりますと、〝「呼びかけ相談」というのは、教師サイドから、児童生徒が相談に来やすいようなチャンスやきっかけをつくることをいう。しかし、そのチャンスやきっかけをそれとして活かすのは、児童生徒自身である〟ということなのです。

筆者も全く同感でして、「呼び出し面接」とは本来そのような配慮が必要でしょう。教師の能動性を強調するあまり、強制となってはならないと思います。

これは、先ほど触れたように、クライエントが面接を無断で来なかった場合にも当てはまります。よく行われている対応は、直後あるいは後日に、本人や担任に確認するということではないかと思います。そして、次はいつ来るのか約束します。

筆者の考えでは、そのような確認はほどほどにするのがよいと思います。健康度の比較的高いクライエント（ほとんどのクライエントがそうです）であれば、たとえ面接に現れなくても、カウンセラーからは確認をせずにそのままにしておいてよいのではないかと思います。

よく、小学生のプレイセラピーでは、子どもがカウンセラーとプレイするよりは、同年代の子どもたちと遊ぶほうが、あるいは学校生活のほうが面白くなって、自然にカウンセリングから遠のいていきます。

これと同じことが、学校カウンセリングにも起こっていると思われます。繰り返しますが、学校カウンセリングの多くの終結は、自然にクライエントがカウンセリングに来なくなる、というものが多くて当然と考えてはどうでしょうか。

カウンセリングにおける能動性

また、実際のカウンセリングのなかにおいても、クライエントとの関係（ラポール）を形成するため、「自我―支持的」（クライエントの現実生活を支える）となるため、「関係継続」するために、技法としてカウンセラーが、比較的面接意欲の低いクライエントに対して積極的に働きかけることも必要だと思います。

具体的には、例えば、カウンセラーから話題を探していく（クライエントが安心して話せることは何か）、接点をもち込んでいく(前述したように、例えば絵本などそれでクライエントと交流できるものをカウンセラーからもち込む)、自己開示する(カウンセラーが自分のことを、例えば、クライエントと同年代の時の自分について話す)、あるいはクライエントに問題に「直面」させることなどが必要に応じてなされる、というようなことが考えられます。

特に注意しておきたいのは、教師カウンセラーは、普段は「教える」という能動性を発揮していますので、カウンセリングのなかでも、ついそのような動きが出てきて、クライエントがその時点ではまだ受け入れられないような言葉の投げかけをしたり、アドバイスをしたりしがちである、ということです。

そうしますと、どういうことが起こりやすいかと言えば、カウンセリングの後でクライエントが不安定になるという、ある意味では本末転倒的なことにならないとも限りません。〝あの先生にカウンセリングを受けた生徒は不安定になる〟というような言葉が同僚からささやかれたら、その教師カウンセラーは、自分のカウンセリングをよく見つめてみる必要があるでしょう。

12　笑い

少し高度であり、デリケートな技法を紹介します。「笑い」です。これが技法かと、驚かれる方もいるかもしれません。

「笑い」は、実に多様な意味と働きをもっています。例えば、人間は、おかしい時に笑いますが、悲しみのどん底にいる時に笑いが出てくることもあります。それは自嘲の笑いだったり、笑いによって自分を対象化して距離を取ったり、あるいは、笑いによって一つ区切りをつけることができることもありましょう。また、怒っている最中に、つい笑いが込み上げてきてしまうこともあります。

このようなことからは、「笑い」は、人間の何らかの情緒のバランスを回復する時に、ユング流に言えば、「補償的」に働くという機能があるらしいと考えられます。

筆者は、このような「笑い」を、カウンセリングのなかにも利用できるのではないかと常々考えてきました。一般に、クライエントは、困っているから相談にくるのであって、心理的にはゆとりをなくした状態であると言えます。すると、カウンセリングの間も、ゆとりのない緊張感が漂っています。クライエントが過度に緊張していますと、カウンセラーにもその緊張が伝わって、カウンセリングがとても疲れるものになります。

このような時、ふっと、筆者は、「笑い」をもち込みたくなることがあります。もちろん、安易に「笑い」を取るとか、冗談を連発するとかを考えているわけではありません。また、「笑い」をもち込む理由として、カウンセラー側の不安・緊張・曖昧さなどに対する耐性が低いために、安易にその解消を図るとしたら、これは考えものですが。

具体的には、クライエントの語った言葉のなかで、「おかしさ」を感じられるものを、カウンセラーが少し強調して返したり、クライエントの言葉を先取りするような言葉を発します。

例えば、クライエントが〝何でも自分のことを言っているような気がして、耳がダンボみたい〟と言えば、カウンセラーがすかさず、「耳がダ・ン・ボ?」と、両手で耳を強調した動作を交えて返してみるとか。あるいは、なかなか自分を押さえられずについ一言言ってしまう母親が、〝自分でもいけないと思っているんですけど、でも、ぐずぐずしている子どもを見ているとですね〟と言えば、間髪入れずに、「何してるの、早くしなさい!」と叫んでみるとか。

このような働きかけは、カウンセラー各自のもち味と才能で工夫されればよいと思います。その時、クライエントは、遠慮して「クスッ」と笑うのか、それとも大きな声で「ガハハ」と笑うかの違いはありますが、例外なくそこには「ゆとり」が生じています。

13 心理検査

筆者はよく、心理検査について尋ねられることがあります。ある生徒が、〝心理検査で心がみんなわかっちゃうんですか〟と好奇心と恐怖心の混ざったような顔をして言ったことがあります。また、ある先生は、〝生徒の心がわかる心理検査を教えてください〟と言われました。

この二人には共通するものがあると思います。それは、心理検査に過大な期待や評価をしていることです。そこに、「魔術的」というようなニュアンスを感じることさえあります。もちろん、心理検査は万能ではありません。それによってわかるのは、人の心のほんの一部なのです。また、それさえも、明確にわかるというよりは、ああも言えるしこうも言える、というような曖昧さを含んだ結果しか得られないのが実際です。そこで、筆者が生徒の希望で心理検査を実施する時には、〝これは占いと同じで、当たるも八卦当たらぬも八卦だから、わかるのはあなたの心の一部ですよ〟と言うことにしています。

じゃあ、「正確な性格」(これは筆者が生徒によく使う駄洒落ですが)をつかむためには、検査をたくさん実施すればいいじゃないか、と言われる方もいるでしょう。もちろん、そうなのです。よく、専門家の間では、一人の被検者に数種類の心理検査を組み合わせて(これを「テストバッテリー」と言います)、総合的に理解するようにしています。

ここで、かつて筆者がある学会で出会った、心理検査に関する研究を紹介します。筆者の参加した会場の発表では、不登校の子どもに種々の性格検査を実施して、その特徴をとらえるという研究発表がありました。確か、筆者の記憶では、一人の子どもに十種類ほどなされていたと思います。しかも検査は、不登校の子どもがたまに学校に登校した時に実施されたのでした。何かおかしいなあ、という感じがして仕方がありませんでした。どうも、被検者である不登校の子どもに対する配慮が不足しているような気がしてしょうがないのです。確かに、研究としては価値あるものかもしれません。しかし、やっとの思いで登校してきた子どもにとっては、その度に検査をされたのではたまらないだろうな、と思いました。この時、筆者の頭には「検査マニア」という言葉が浮かんできました。

事例発表でもたまにこのようなことがあります。次々と心理検査が実施されているのです。発表者は、自分なりの必要性を感じて実施しました、と報告されるのですが。もちろん、必要な「テストバッテリー」を否定するつもりはありません。しかし、検査者の一方的な興味で必要以上に実施したり、被検者に過剰な負担をかけるような場合は、検査者側の問題であって考えものです。

心理検査の意義

そこで、心理検査を実施する場合に、なぜその検査が必要なのか、その検査をすることで、被検者にどのような影響を及ぼすか、という問題を事前に十分検討することが必要ではないでしょうか。ただ、検査者側の自己満足のために行われてはならないと思います。

まず心理検査を実施する意義としては、「診断」を挙げることができます。専門機関では、初回を含めて、最初の数回を「診断面接」として、クライエントがどのような問題をもった人なのか、病理の水準はどれぐらいか、どのような心理療法が適切か、などについて判断をします。この時、多くの場合、心理検査が実施されます。心理検査の結果を、前記のことについて判断する資料にするわけです。

しかしながら、学校場面で心理検査を実施する場合、専門機関のように「診断」として実施する必要はあまりないのではないかと思います。これは、筆者の経験からそう思います。

実は、筆者は、三年ほど病院での臨床経験がありますので、ロールシャッハテストを初め、ほとんどの心理検査を相当数実施しています。しかし、実際の学校カウンセリングでは、これまであまり心理検査を実施しようとは思ってきませんでした。実際に、心理検査を実施したのは、学校カウンセリングとして対応したクライエントのうち、約一割程度です。それも、生徒からの求めで実施したのが半数あります。つまり、筆者から何らかの必要を感じて実施した割合は、全クライエントの約五パーセントということになります。

なぜかと申しますと、ほとんどのクライエントの生徒は健康度が高く、その性格（傾向や病理水準）については、カウンセラーが面接中に直接理解できる程度で十分であると思うからです（しかし、よく考えてみると、そのような力量をつける勉強をある程度する必要がありますが）。

したがって、再度言いますが、学校カウンセリングでは、厳密な診断的な意義としての心理検査はまず必要ない、ということです。

もし、面接していて、クライエントに性格の著しい偏りや、重い病理水準が疑われれば（例えば、このクライエントは、精神症圏の病理レベルであるとか、強迫性があるとか、被害感が強いが妄想というほどではないとか、これは人格障害レベルの病理をもっているとか、薬が必要なほどうつ状態が重いとか、あるいは、なんとなく分裂病くさいとか、など）、一刻も早く外部専門機関（特に精神科医）にリファーする必要があると思います。

それよりも、その心理検査の結果をクライエントにフィードバックすることで、クライエントが内的な問題に目を向けていくきっかけとなると考えてはどうでしょうか。あるいは、クライエントがその心理検査を受けることで、何らかの自己表現ができ、そのこと自体に意味があるととらえてはどうでしょう。

筆者は、カウンセリングの対象のクライエントだけでなく、一般の生徒にも希望があれば心理検査を実施していますが、その多くはYG性格検査とバウムテスト（あるいは、風景構成法）です。これらを実施した場合、すぐその場で、クライエントに受け入れやすい形で結果をフィードバックするように心がけています。例えば、YG性格検査の場合、〝その結果はあなたの個性を表しているだけなので、いい、悪いということはない。要は、自分の特徴を知って、こんなところに気をつけていこうとか、それを生かしていけるようになることが大切なのだ〟と、このように説明しています。

つまり、筆者の考えるところでは、学校カウンセリングにおける心理検査は、診断的な意味よりも、「治療」的な意味を優先したほうがよいと思うのです（一般の生徒の場合は、治療というよりも「啓発」「開発」と言えるかもしれません）。

それでも、やはり、一人のクライエントをどうとらえていいのかわからない。だから、少しでも「手がかり」となるような情報がほしい、ということで、とりあえず、心理検査を実施したいこともありましょう。つまり、心理検査に「手がかり」「糸口」としての意義を求めるわけです。これは、特に、カウンセリングの初心者にありがちなことではないでしょうか。この時、注意していただきたいことがあります。

心理検査実施上の注意

まずは、クライエントに「無理をさせない」ということです。やりたくなければやらないでもいい、ということを保証してあげてほしいと思います。

クライエントの多くは、自分に自信がなく気弱になっていますので、〝やりたくない〟とは、なかなか言えません。そこで、カウンセラーに心理検査を依頼されると、ついやることになるのですが、内心は不安いっぱいで、やりたくないと思っていることが多いのです。

次に、「守りをしっかりする」ということです。

クライエントが何らかの病理を抱えている場合、非常に不安が強い場合には、心理検査を実施することで、そのクライエントは刺激を受け過ぎて、内的な世界（無意識、コンプレックス）が外に漏れ出てしまい、収拾がつかなくなる可能性があります。

そこで、例えば、病院臨床では、そのような危険性のあるクライエントに描画検査を実施する場合、検査者がクライエントの目の前で、検査用紙の白い紙にサインペンで四角く枠づけして渡すということをすることがあります。つまり、スペースが限られた用紙（これだけですでに守られています）に、さらに二重の「守り」を加えるわけです。

これと同等の配慮が、学校カウンセリング場面でも必要かと思います。

例えば、その心理検査をしている時は、そばについて見守っていることです。これは大切です。もし、途中でカウンセラーが何らかの用事でその場を離れた場合、いっきに生徒の表現が崩れることが生じるかもしれません。一人でも実施できるからといって、安易にクライエントを一人で放置するようなことをしてはならないと思います。

他には、検査中に、生徒が本当につらそうならば、あるいは、その表現の凄さにカウンセラーが耐えられないならば、その時は、カウンセラーがストップをかけることも必要でしょう。

具体的に何がよいか

では、具体的に、どんな心理検査がよいかと言いますと、筆者の経験では、ファーストチョイスは、クライエントが自分を表現できるタイプのもの、「バウムテスト」「風景構成法」などをお勧めします（ただし解釈にはそれなりの勉強が必要です）。これらは描画法ですので、お絵描きという感覚で楽しめるというメリットがあります。他には「ＨＴＰ」や「家族画」などがあります。

次に、カウンセリングのきっかけ作りとして、「ＹＧ性格検査」「エゴグラム」があるとよいと思います。これらは、「はい」「いいえ」で答える質問紙法のため、クライエント自身が結果を納得しやすく、これを糸口に、クライエントの抱える性格的な問題について話すことができることもあります。

さらに、純粋な心理検査ではありませんが、「箱庭」や「コラージュ」もクライエントの内界がそこに投影されるという意味においては、十分に心理検査的ニュアンスがあります。これらは、イメージを通してクライエントの内界を直接に理解できる、という点においてすぐれているのですが、作ること自体に意味があるというその「治療性」のほうがはるかに重要ではないかと思います。

以上、いくつかの性格検査をご紹介しましたが、具体的な実施方法や解釈、その背景となる理論などについては、数ある成書をご覧ください。

Ⅳ　学校カウンセリングの問題点

ここからは、学校カウンセリングの技法ではなく、問題点として重要と思われることについて、順にお話ししていきます。そのようなことがうまく機能するようにできることは、広い意味での技法と言えるかもしれません。したがって、筆者のなかでは、これより前の技法とつながっていますので、あえて、各項目は通し番号にしてあります。

14 記録

筆者の考えでは、面接の記録が「あるか、ないか」がその面接を「カウンセリングか、単なる面談か」に分けるとも言えるのではないかと思います。それほど、記録は重要と考えています。

記録の意味

まず、記録にどういう意味があるのか考えてみます。

カウンセリングの最中は、カウンセラーはクライエントの「気持ち」を理解しようと努めており、これはいわゆる「情緒面」の作業と言えます。これに対して、「記録」する時は、その情緒面の作業を、「知的」な作業に置き換えるわけです。

つまり、面接中は、カウンセラーは情緒面を一所懸命働かせていますので、ある意味では、無我夢中の状態であり、冷静な判断・思考が難しいことがあります。それが、記録する時になって、少し距離を置き、冷静になって、クライエントとのやりとりを思い返すと、〝ああ、この時のクライエントはこんな気持ちだったのか〟とクライエントについて理解が深まったり、あるいはカウンセラー自身についても同様に、〝ああ、この時の自分はピントはずれの応答をしているなあ〟〝こんなふうに応答すればよかったかな〟などと、新たな気づきが生ずることもあるかと思います。

また、記録を面接の直前に読み返して、前回の面接内容を確認してカウンセリングに臨むことも、ずいぶん役に立ちます。週に何人もカウンセリングしていると、このクライエントは先週何を語ったのか忘れて思い出せないこともあるでしょう。そのような時、そのまま面接を始めてしまったら、ずいぶんぎくしゃくとした（たぶん、クライエントのほうは先週の内容をよく覚えており、その続きという気持ちでいるでしょうから）カウンセリングとなる恐れがあると思います。実際に筆者も、時には前の回の面接記録にさっと目を通すことがあります。

あるいは、数回の記録を検討することで、カウンセリングで起こっている「流れ（こういう方向にカウンセリングが流れてきている）」や「課題（カウンセリングのなかで、何ができて、何ができていないか）」を知る手がかりともなります。このようなことは、一回限りの記録をつけたり、見たりしてもなかなかわからないものです。

何をどう記録するのか

では、具体的に、何をどう記録するのかということについてお話しします。

よく相談係の初心者の先生方の事例報告のなかで、〝○月×日、保健室〟〝○月×日、早退〟〝○月×日、一日中落ち込んでいた〟などと延々とクライエントの記録が続くことがあります。

これは、面接記録というより、観察記録となっていると言えるでしょう。これだけでは、クライエントの気持ちや考え、先生のかかわり、また、二人の間で起こっていることなどについての情報が不足しており、事例を理解することは困難です。

それでは、何を記録すればいいのかといいますと、もちろん、毎回のカウンセリングの「逐語的」な記録が中心です。筆者の考えでは、記録は、原則として面接中は取らずに、面接終了直後に、時間の経過に沿って、言語的な交流を逐語的に思い出して再現するのがよいと思います。

この時、言葉以外にも、クライエントの表情、態度、その場の雰囲気、もちろん遊戯療法ならばその行動、あるいは、その時カウンセラーが感じたり、思ったりしたことなども記録します。なぜ、面接中は記録を取らないほうがよいのかといいますと、カウンセラーが記録を取ることに神経が行ってしまうこと(したがって、クライエントの気持ちにビビッドについていくことができない）、また、クライエントのほうも記録されることが気になって自然にしゃべれなくなることもあるからです。

では、記録はテープレコーダーを利用すればいいという考えもあるでしょう。実際に、昔は面接をテープレコーダーに録音し、それから逐語録を起こし、応答の検討をしました。もちろん、そのような特別な意図があってするのであれば、それはそれで結構ですが（ただし、クライエントに了解を取ったほうがよいと思います）、一時間の面接に対して、テープ起こしには五、六時間はかかるものと覚悟しなければならないでしょう。

しかしながら、記録を単なる逐語録だけでなく、前述のように丁寧にしますと、一時間の面接の記録をするのに、数時間もかかってしまうのではないかと思われるかもしれません。事実、初心のカウンセラーが記録に一時間以上もかけていることもあります。もちろん、正確に思い出して記録するということも、それはそれで、カウンセリングの力量を高めるトレーニングになりますが（これがいかに難しいことか実際にやってみればわかります）。

しかし問題なのは、より正確な記録ではなく、カウンセラーがクライエントの話のどこに感じたのか、どこに注目するのか、ということです。その意味では、カウンセラーが重要だと思われるところを詳しく逐語的に記録し、そうでないところは、簡略にしたり（○○と××の話、のように）、省略したりすればよいわけです。そうすれば、一時間の面接に対して、慣れれば十分程度で記録がとれるようになるでしょう。

ところが、初心者のうちは、何が重要で何が重要でないかがなかなか判断ができないものです。それで全部書かないといけないような気がして、時間がかかってしまうのです。

ひるがえって言えば、ここに、記録することがカウンセラーの力量を向上させるトレーニングとなる意義が含まれています。記録することにより、何が大切であるかという本質をとらえる、カウンセリングの感性・直感力が養われるのだと思います。

記録と情報公開

昨今は、学校におけるほとんどの文書が、情報公開の開示の対象となっています。現実に、ある裁判に関連して、クライエント側がカウンセラーに面接記録の公開を求め、裁判所はこれを命じました。このようなトラブルは、今後ますます増えていくことが予想されます。

筆者は、このことに大きな疑問を感じざるをえません。まずは、クライエントがそれで大きく傷つくだろうということです。

なぜかと言えば、カウンセリングでは、カウンセラーはクライエントの情緒面にフォーカスして、受容的、共感的に接します。ところが、記録というのは、先述したように、クライエントを（クライエントとカウンセラーの関係も）冷静に、ある意味では冷たく突き放して、行われます。そこには、クライエントには直接には決して伝えられない病理の問題や防衛機制の問題、あるいは、無意識的な心の動きなどが記述されています。これらをクライエントが読めば、当然、ショックを受けたり、カウンセラーからまるで自分が実験のモルモットのように思われていたと感じてしまうでしょう。

もう一つの理由として、カウンセラーも大きく傷つくだろうからです。

面接記録には、単なる事実として逐語録だけでなく、先述のように、カウンセラーがクライエントからどう影響を受けたか、あるいは、カウンセラーの内面、コンプレックスなども記述されていることもあります。これまで公開されるとなると、今度は、カウンセラー側のプライバシーの保護の問題が生じてくるのではないでしょうか。

では、学校カウンセリングとして、この問題をどう考えればいいのでしょうか。今のところ、筆者には明解なアイディアはありません。

しかし、学校に保管する「公的」な記録（たぶん、これにはクライエントの述べた話の概要が記されるでしょう）と、カウンセラーが個人で管理する「私的」な記録（こちらには、カウンセラー側の問題も記されるでしょう）を分けて対処する、ということが今後起こってくるかもしれません。もちろん、これは裁判で負けないように備えるためではなく、クライエントと、カウンセラーの両者のプライバシーを守るためなのです。

15　母親面接

筆者の経験によりますと、学校カウンセリングの対象として多いのは、子ども、担任に次いで母親です。相談室にみえることもありますが、特に不登校の事例の場合、子どもと会えないこともあり、この時母親と面接することがよくあります（父親はいないか、いても出てこないこともあります）。

また、加藤純一先生（一九九六）によりますと、教育センターでかかわった不登校事例の総面接回数の約六五％が母親面接であったそうです。この数値からも、母親面接がいかに大切であるかは明らかだと思います。このような経験から、加藤先生は「親の相談にのるだけでなんとかなる」というお考えをおもちです（加藤、一九九七）。

母親と「一緒に困って」、情緒的に支えるという姿勢は、筆者も基本的には同じです。そのほか、なるほどと納得のできるお考えがたくさん披露されていますので、ぜひ加藤先生の著書をご覧ください。

したがって、子どもの問題への援助を考える場合であっても、母親をキーパーソンであると考えてもよいと思います。実際、不登校に限らず、母子関係において問題をかかえる事例もよくみられますので、母親と面接することで母親が変化すれば、当然、その子どもにもよい影響を与えることができると考えてもいいでしょう。

ところが、先生方のなかには、母親面接がどうも苦手だという人が多いようです。もちろん、保護者会で学習や進路、学校生活の様子を話す時は、長年の教師の経験に支えられて自信に満ちています。しかし、子どもの問題行動（特に、非社会的問題や病理が疑われる場合）のことになると、なかなか自信をもってというわけにはいかないようです。それは、そのような問題に対して、経験も知識もそれほどもっていないので、当然ではないかと思います。それでも、教師として何かある程度納得してもらえることを言わなければ、というプレッシャーを感じて、つい、あれこれとアドバイスしてしまうことになります。

例えば、「子どもさんは愛情を求めています。もっとかまって、甘やかしてあげてください」とか、「家庭内暴力ですから、子どもさんの暴力から逃げないで、徹底してつきあって（つまり、たたかれることになります）あげてください」などです。

これらには共通するものがあります。まず、子どもの状態を「診断」して、次に「対応」をアドバイスすることです。しかも、これらの言葉を「自信」をもって（本当はわかりませんが）言っています。あるいは、自信のないまま、こんなことでいいのかな、と思いながら、つい、あれこれと言ってしまう（自信のなさからくる不安を打ち消すために、ますますしゃべってしまう）、という経験はないでしょうか（筆者も駆け出しの頃は覚えがあります）。

確かに、先生方が言われることは正しいことかもしれません（少なくとも一理はあるでしょう)。しかし、母親のほうは、その言葉をしっかりと受けとめることができないのです。例えば、母親は内心では、〝これ以上どうしようと言うの。他の子どもだっているのに〟とか、〝そんなこと言うのは、他人事だからでしょう〟とか、〝毎日、一日中一緒にいる私の身にもなってください〟などと思っています。もちろん、そんなことを実際に口には出さず、表面的には〝はい、わかりました〟と言うかもしれませんが。

これでは、母親は、先生はやはり自分の気持ちなど少しもわかってくれない、と不信感を強めてしまいます。

具体的な母親面接の方法

では、具体的に母親面接をどうしたらいいかについて、筆者の考えをお話しします。

まずは、当たり前ですが、母親の言うことをしっかりと「聴く」ことです。

この時、共感とともに、「苦労をねぎらう」言葉がかけられれば大成功です。過半数は、これだけでよいレベルにあると言ってもよいでしょう。

母親は、どこかで自分の育て方がいけなかったのではないか、と思っていることが多く、そう言われることを恐れています。しかし、どんな母親だって、子どもに問題が起きるようにと考えて育ててはいません。一所懸命育ててきたのに、なぜか子どもに問題が生じてしまったのです。

したがって、まずは母親を、〝大変だったですね〟〝よく頑張っていらっしゃいますね〟とねぎらいの言葉をかけます。そして、母親の不安を受けとめ、母親が自分の気持ちを安心して吐き出すことができるように心がけたいものです。

これだけで、母親は、誰にも言えない自分の本音、不安、弱さを話すことができて、それをわかってもらえるということで、ずいぶん安定します。

次に、母親は、現実に困っており、〝このような場合はどうしたらいいでしょうか〟と、具体的な場面での助言を求められてくることがよくあります。

この場合、〝こうしたら〟〝ああしたら〟と、先生方からすぐに答えを出してしまいがちですが、そのような助言はたとえ正しいことであっても、まず効果がないことが多いと思います。

なぜならば、母親が自分で考えて納得してないからです。人から教えられたことは、頭で理解してもなかなか実行できるものではありません。同じことでも、自らが関与して苦しんで考えた場合は、納得がいくので、実行できることが多いと思います。母親の主体性が大切なのです。

では、どうするかといいますと、〝どうしたらいいでしょうね。お母さんはどう思われますか〟あるいは、〝これまでどうしていらっしゃいましたか〟と、まず母親の意見を聞いてみて一緒に考えることが必要でしょう。

すると、多くの場合、母親はそれまでどうしてきたとか、こうしようと思っているとか、何らかの意見をもっていることが多いものです。そこから、その利点や欠点を検討しながら、時には、カウンセラーから〝こんなことを聞いたことがあります。参考になるかどうかわかりませんが〟とか、〝今、ふっとこんな考えが浮かんできました。うまくいくかどうかわかりませんが〟などのように、断定を避けて、なるべく母親自らがこうしてみようという気持ちになるのを援助します。そして、しばらくして、母親が何らかの対応を口にされれば、〝お母さんがそう思われるならば、そうしてみることもいいかもしれませんね〟と言って奨励します。

このような手順を踏みますと、時間はかかるかもしれませんが、母親には確実に主体的に行動してもらえることでしょう。それがうまくいかなければ、次回にまた二人で検討すればよいのです。

二つのアイディア

この点に関して、かつて筆者は、河合隼雄先生(一九九八年、愛知教育大学心理療法研究会冬季合宿事例検討会におけるコメント)から興味深いことを聞いたことがあります。河合先生は、母親に対してあれこれと助言することがあっても、それを次の回に確かめずに言い放しにする、とおっしゃいました。

つまり、一週間後の面接で〝先週のあれはどうでしたか、効果がありましたか〟などと確認しないのです。確認すると、それが母親に「重荷」となってしまうから、〝あれこれ言うことが、実際に役に立つかどうかということが問題ではなく、先生はそれだけ熱心に自分のことを考えてくれている、というカウンセラーの熱意が伝わること自体が大切である〟とお考えのようでした。

このことは、先述の加藤先生(一九九七)が、多くの母親に対して初期の段階で〝お母さん、大丈夫ですよ〟と言い、〝親があきらめさえしなければ、子どもはまず立ち直っていくものだ〟と信じているのとつながっているように思えます。

ここからは、母親は、カウンセラーの「熱意」だけではなく、カウンセラーの信念から感じる「安定感」に支えられ、自らも頑張ってみようという気持ちが起こってくることを推察することができます。

これを知ってから、筆者も母親から〝大丈夫でしょうか〟と尋ねられた場合、筆者自身の判断でそう思えたら、〝大丈夫でしょう〟と言うことにしています。

16　訪問面接

次に、不登校への対応としての「訪問面接」についてお話しします。

家庭訪問と訪問面接

学校現場では今やほとんどの先生が不登校の子どもとかかわらざるをえない状況です。学校カウンセリングでかかわる数のうち、もっとも多いのが不登校とも言えるでしょう。ご承知のように、不登校の子どもは登校してくれないため、直接かかわりをもとうとしても、なかなか難しいという状況があります。そこで、子どもの家庭に出かけて、そこでかかわりをもつという方法がよく行われてきたと思います。

一般に、これは「家庭訪問」と呼ばれ、これまで多くの先生方により実施されてきました。しかし、その方法はこうあるべきだ、という基本的なルールに則って行われるというよりも、個々の先生の判断に任されてきたのが実情でしょう。

実際問題として、訪問に行っても子どもが会ってくれない、ということはよく聞きますし、会えたとしても後で荒れていたとか、元気そうで明日は登校すると約束したのに裏切られた(?)など、このようなことはよくあるようです。

何が問題だったのでしょうか?

筆者が考えるには、そのような家庭訪問が、先生側の都合を優先して行われていたり、先生が熱心すぎたり、強引であったり、子どもの気持ちに添っていなかったり、というような問題点をもって行われているからではないかと思います。

筆者の考えでは、家庭訪問は、ルールに則り、「構造化」して実施したほうが効果が高いと思います。筆者は、このように構造化された家庭訪問を「訪問面接」と呼び、単なる家庭訪問と区別しております(長坂、一九九六)。そこで、筆者の経験から、訪問面接の方法と問題について紹介しますので、参考にしてください。もちろん、これらは、家庭訪問を行う時の留意点と考えていただいても結構です。

訪問面接の方法

まずは、「誰が、何のために」行くのかという問題です。

基本的には、教師カウンセラー（相談担当者）が一人で行くのがよいと思います。担任や学年主任と一緒になど複数ですと、子どもや親に与えるプレッシャーは強くなります。

何のためかと言いますと、まずは「子どもと関係をつけるため」でしょう。この時、子どもの様子（これでどの程度の引きこもりかの「見立て」ができます）や、家庭の事情や様子もわかります。もし継続して訪問する場合は、子どもとの関係を継続すること自体に意味があることは既にお話ししました。自分は見捨てられていないということを保証し、情緒的に支えるわけです。

では、初回にどうやっていくのか、と言うことですが、まずはアポイントを取ります。ついでに来ましたというような、突然家庭訪問をするのは失礼なだけでなく、子どもに脅威感を与えてしまいます。事前に電話で親に、家庭訪問の目的（最初は様子をうかがいたい、できれば子どもとも会いたいということで）を伝え、また、こちらの立場（教師ではなくカウンセラーとして）を理解いただき、時間を取り決め、子ども本人に伝えてもらいます。また、会いたくなければそれでもよいことも伝えてもらいます。

直接子どもと話す必要はないでしょう。子どもは電話に出たがりませんし、訪問を拒否する可能性もあります。実際、筆者はこのような方法で実施してきましたが、全事例の約半数は子どもと初回に会えていますし、残りの半分も二回目には会えています（子どもとは、九割が初対面です）。

次に、時間の問題です。夕方以降のほうがいいと思います。子どもは学校がある時間帯は学校が気になって不安定ですし、暗くなってからのほうが近所の目をお互いに気にしなくて済みます。一回の時間は、一時間がよいでしょう。これを、週に一回の頻度にして、固定曜日の固定時間からとすれば、構造的に安定していると言えます。

これは、一般的なカウンセリングの時間的枠組みと同じです。子どもが不安定である場合は、週に二回にしたほうがいいこともあるでしょうが、逆に、二週間に一回以上の間隔を開けますと、カウンセリングの連続性を欠いてしまいます。週に三回以上、あるいは毎日訪問するというのは、必要ないばかりか、子どもの依存性を高めすぎたり、こちらがその熱心さを維持できなかったりで、まず、いい結果とはならないでしょう。

面接する場所ですが、基本的には親や子どもにお任せします。親が子どもの部屋に通そうとすることがありますが、子どもの意向に添うようにします。

子どもに会えた場合と会えなかった場合

初回は、多くの場合、（母）親と子どもと同席となると思います。この時、まずは親に最近の子どもの様子を尋ねます。そして、五分〜十分程度で、子どもと二人で話したいのでと、親に席を外してもらいます。それから、子どもとの面接を始めます。

基本的には、子どものつらい気持ちを聞いて、それを受けとめることが大切です。しかし、無理に聞き出さないこと。言いたくないことは言わなくてもいいと、保証することです。そうでないと、子どもは、言わされて、操作されていると感じてしまいます。

不登校の子どもは、面接のモティベーションがもともと低いわけですし（こちらが押しかけて行くわけですから）、多くは対人不安が強く、対人恐怖的です。話す内容については、これまでお話ししてきたように、子どもが安心して話すことができるような「接点」を有効に利用することです。

子どもに会えない場合は、筆者は、約束の一時間はそこにいて親の話を聞くことにしています。これは子どもに了解を取ります。この時間は子どものために訪問するが、会えない時は、親も心配しているから話をしたい、内容は知りたければ後で聞けばよい、と伝えます（伝えてもらいます）。

このように、こちらがオープンな態度でいますと、たいていの子どもはいやとは言わないようです。そして、親の話を聞くことで、親の不安が軽減しますし、それが間接的に子どもに伝わり、子どもも安定するという効果もあります。筆者の経験ですと、このような場合、やがて子どもがまた面接場面に登場してくれるようになることが多いと思います。

登校刺激

不登校の子どもには登校刺激をしてはいけない、ということが、まるで金科玉条のように言われることがありました。それで、未だに、〝学校に来れそうか?〟とか、〝学校のことをどう思っているか?〟とか聞いてはいけないと考えている方がいるようです。もちろん、精神的に非常に不安定な時期にこのように問うのは、子どもにとって刺激が強過ぎてより不安定にさせてしまうことでしょう。

しかし、まじめな、学校に行くことにこだわりのある神経症タイプであっても、「それとなく」時々尋ねてみるのも悪くありません。子どものほうは、まず必ず学校のことを気にしていますし、それを話題にしないのはどうも先生に何か魂胆があるのかと、疑いをもたれてしまいます。タイミングをはかって「さらっと」尋ねてみます。それで返事がなければ、また機会を待てばよいのです。

もっとも、学校の先生が家庭訪問をするということ自体がすでに十分、登校刺激となっているると思いますし、他には、電話をかけることも（たとえ子どもが出なくても）やはり登校刺激だと思います。

その他の留意事項

多くの登校拒否の背後には、いじめが潜んでいることがあります。このことも頭の隅において、機会があればそれとなく確認できるとよいと思います。次に、閉じこもっている状態像を把握すること、つまり、病理の可能性の検討が必要です。どのレベルの閉じこもりなのか、ということです。

具体的には、家や自分の部屋から出ない、家族を避ける、生活が著しく乱れている（不眠、過眠、無為、風呂に入らない）、著しい気分の変化がある（うつ、希死念慮、平板）などです。これらについて心配なことがあれば、子どもを早く専門家（特に精神科医）にリファーするか、教師カウンセラーがスーパーヴィジョンを受けることが必要です。

昼夜逆転、ゲームづけなどは、病理としてはあまり問題とならないと思いますので、無理に変えないほうがよいことが多いと思います。

それには、子どもなりの事情があるのです。昼は緊張や不安が高く夜のほうが落ち着くとか、せめてゲームに熱中すればつらいことが忘れられるとか。ある意味では、子どもはそのような行為を必要だからしているのです。

先生方は一般に熱心です。ご自分で何とかしようと努力されます。しかし、一時的な熱意よりも、力を抜いた継続的なかかわりのほうがはるかに効果があることは、もうおわかりになっていただけるでしょう。それで、期間的には、少なくとも、その年度と次の年度はかかわる覚悟をもっていただきたいと思います。

17 連携と秘密の保持

学校でカウンセリングを行う場合、クライエントの子ども（親）だけにかかわることで済むという事例は、むしろ少ないのではないでしょうか。

つまり、連携の問題ですが、その相手は多く、担任、養護教諭、管理職、学年主任、生徒指導主任、教務主任、あるいはクラブの顧問や教科の先生などが考えられます。

あるいは、連携先は校内だけとは限らず、校外の専門機関も考えられます。

しかし、一般的には、担任と養護教諭との連携がもっとも多いと思いますので、おもにこれを取り上げます。

またこの時、クライエントの秘密をどうするのかということ、つまり秘密の保持が問題となってきます。

担任との連携

筆者の経験によりますと、筆者がカウンセリングとしてかかわる子どもの全事例の半分強は、担任の勧めで子どもが相談室に訪れています。このことだけでも、日頃から担任に（一般教師にも）教師カウンセラーの意義を理解してもらうような努力が必要であり、よき人間関係を作っておくことが大切であると言えます。

概して、担任は自分のクラスの子どもには自分が責任がある、自分で何とかしたいと思っていますし、相手がカウンセラーといえども、自分のクラスの子どもが自分には話さないことを話しているというだけで、何となく面白くなくて疎外感を感じるものです。そこで、教師カウンセラーとしては、個々の担任のニーズに応じた援助を考えることが必要だと思います。

例えば、担任が前面に出てかかわりたいと考えている場合には、教師カウンセラーは、たまにコンサルテーションをするとか、あるいは、親面接を担当します。また、筆者の経験によりますと、担任の親面接に同席するのもずいぶん有効であると思います。

この時、教師カウンセラーはできるだけ控え目に同席するのがポイントですが、担任が困って助けを求められた場合、カウンセラーの本領（？）を発揮して、いかに担任の応答と異なるかを目の前で理解してもらいます。すると、以後その担任との連携がスムーズになることを何度も経験しています。

しかしながら、場合によっては、クライエントである子ども（や親）が、担任には内緒で来室する場合があります。

この場合には、筆者は、クライエントが望むかぎりは秘密にして、担任とは連携を取りません。

もちろん、話の内容によっては、担任に知っておいてもらったほうがよいと思えれば（例えば、いじめの問題や、家庭事情で遅刻が多いとか、薬の服用から授業中に眠りがちであるとかです）、クライエントにもそのように説明して、担任と連携することを承諾してもらうか、あるいは、クライエント自ら担任に話すように勧めてみます。

この場合も、カウンセリングの内容を全部担任に伝えるのではなく、クライエントがここまでは話してもよいと同意できるところまでにします。

養護教諭との連携

養護教諭は、学校のなかにあって唯一評価をしない教諭というだけでなく、女性であり、身体的なケアーをしてくれる、やさしい存在というイメージがあると思います。そこで、子どもは身体的不調（これも心理面と大いに関係があります）だけでなく、心理的に落ち込んだ時、あるいは特に理由がなくとも、何となく保健室に立ち寄っては、そこで癒されて、また現実の荒波のなか（授業や学校生活）に戻っていきます。また、最近は、教室のなかに入れない子どもの受け入れ場所＝「心の居場所」ともなっています。

このような、保健室としての機能のため、養護教諭が子どもの問題の第一発見者となることも多いのです。そこで、教師カウンセラーが養護教諭と日常的にうまく連携できることは大変大切なことです。

したがって、養護教諭が子どもの何らかの心理的な問題に気がついた場合、必要に応じて、教師カウンセラーに紹介してもらうとか、あるいは、緊急の場合は、授業中であっても相談室に子どもを紹介してもらい、即刻の面接を設定することも大切だと思います（この場合、「危機介入」と言えます）。

筆者の経験によりますと、子どもの事例で、養護教諭からの紹介でカウンセリングが始まったのは、全体の約一割ですが、その多くは、深刻な問題（自殺の問題や対人恐怖、思春期危機などの病理）を抱えていたため、早目の対応が功を奏したと評価できる事例がほとんどでした。

養護教諭と教師カウンセラーは、学校内で、狭義の指導的かかわりをしないという点では、立場がよく似ています。

筆者の考えでは、養護教諭と教師カウンセラーは、「子どもの心身にかかわる専門家」という共通した意識（今のところ、教師カウンセラーの意識がここまで育っていませんが）のもとで、実のある連携ができることが必要だと思います。そのためには、教師カウンセラーによりいっそうの力量をつけていただくことを願ってやみません。

秘密の保持

連携とセットで問題となるのが、秘密保持の問題で、これらは同じコインの裏表のように密接な関係です。

一般に、学校カウンセリングでは、専門機関のように守秘義務を盾に、カウンセリングの内容をすべて秘密とするのは、まず無理です。

しかし、一方、共通理解を図るとか、情報を共有するという美名の下に、秘密が全職員に筒抜けという状態も困ります（秘密のもつ重みに対して十分なコンセンサスがない場合が多いと思います）。

筆者もかつて、関係者で協議する会で、ここだけのことにしてくださいとお願いしたにもかかわらず、会議室を出てから職員室でも、その話題が話し合われていて驚いた経験があります。

本来、「秘密」というものは、クライエントが、カウンセリングのなかで、カウンセラーの人間性を信じて託した「宝物」なのです。しかし、その「宝物」があまりにもすばらしかったり、逆にあまりにも心理的に重みのあるもの（例えば、自殺したいとか）の場合、カウンセラーは自分一人では、それを抱え切れなくなって、つい、人に喋りたくなってしまいます。

ところが、これをやってしまうと、自分の不安は軽減するかわりに、クライエントとの関係における「緊張感」も下がってしまいます。その「緊張感」とは、カウンセリングを進めていくエネルギーのようなものです。

ですから、クライエントの秘密を守るというのは、カウンセラーがそのカウンセリングにかける、意気込み、覚悟、あるいはプロ意識というようなものと関係しています。時と場合によっては、クライエントの秘密を守るために職をかけてもよい、という程の決意をしなければならないようなことも生じてくるでしょう。

では、実際問題としてどのように連携をすればいいのかと言いますと、まず担任に対しては、筆者は、原則として、面接中の内容は秘密とし、こちらが理解したクライエントの心理状態、今後の展望、担任として気をつけてほしいことなどを伝えるようにしています。もちろん、このようなこともクライエントの了解を取ることを原則とします。

要は、学校カウンセリングにおいては、担任を萱の外におくことなくうまく連携し、同時にクライエントの秘密も守ること、このバランス感覚が大切なのだと思います。

また、養護教諭とは、すでにクライエントが、かなりか全部を話していることが多く、ほぼカウンセリングで話された全容と、こちらが理解したことを伝えます（もちろん、クライエントの了解を取ります）。

特に養護教諭とは、普段から生徒の問題に関して情報交換を密にしておき（例えば、最近保健室によく来るのは誰か、気になる子どもは誰かなど)、教育相談のチームのなかに、正式であれ、兼務であれ入ってもらって、仲間意識をもってもらったり、一緒に研修ができればよいと思います。

学校外部の専門機関との連携

連携先としては、精神科医のいるクリニックや病院のほかに、教育センター(相談所)、児童相談所、開業の心理カウンセラーなどでしょう。ここでは、このうち特に連携の数が多いにもかかわらず連携が難しい、ドクターとの連携について触れておきたいと思います。

多くの先生方が経験されていると思いますが、精神科医のなかには、患者さんのプライバシーを守るため、守秘義務を盾にして何も教えてくれない人もいます。

この場合、問題になるのは、クライエントに内緒で教えてほしいとすることだと思います。そこで、まずはクライエントに、教師カウンセラーが精神科医と連携することを認めてもらい、まずクライエントから精神科医にそのことを伝えてもらいます。それから、教師カウンセラーは電話で精神科医に主旨を伝え、面会の予約を取ります。

この時、出かけていくのは、学校に了解された上でなら教師カウンセラーと養護教諭の二人がよいと思いますし、事情があって了解されずに出かける場合は、教師カウンセラーが単独でもよいと思います。

そして、教師カウンセラー側の態度としては、クライエントの秘密や病理について知りたいというのではなく、学校として何ができるか、何を注意すればいいのか、ということをアドバイスしてほしい、というのがよいと思います。ギブアンドテイクの原理で、教師カウンセラーからは、クライエントの学校での様子を伝えます。

さらに、教師カウンセラーの力量がつけば、教師カウンセラーの情報・見立てと、精神科医の情報・見立てを対等な立場で交換することもできるようになるでしょう。この時は、お互いに、フィールドは違うが心にかかわる専門家同士、という意識と尊敬の念がもてているわけです。

18　相談室の運営

よく聞く話に、相談室を作ってみたものの生徒が誰も来ない、というのがあります。どうしてこのようなことが起こるのでしょうか？

それは、相談室を教師カウンセラーがただ受け身的に自主来談を待つ所、カウンセリングしかしない所、と考えているからではないでしょうか。それと、効果的なＰＲを行っていないこともあるでしょう。また、教師カウンセラーにそれなりの力量が備わっていない（ある日突然相談係に任命するような学校の制度もおかしいのですが）ため、生徒や担任が利用しようと思わない（力量があれば自然に口コミで評判が広がります）からだと思います。

つまり、学校カウンセリングは、単に部屋や人だけ確保しても、それだけでは成り立ちにくいということです。

逆に、相談室にどんどん生徒が来て大繁盛している、という報告も見聞することがあります。こちらのほうは案外簡単でして、要は、相談室を溜り場にしてしまえばよいのです。つまり、相談室を生徒に開放し、お茶、お菓子、お弁当を自由に飲食できるようにし、さらに、漫画や音楽があれば最高です。

ちょっと揶揄したような感じになりましたが、筆者はそれも一つの相談室の形態であろうと思っています。

学校という所は、無駄なく作られているため、ゆとりのスペースというものがありません。ですから、そのような生徒がくつろげる空間があれば、ずいぶんと癒される生徒が実際におり、そこから教師カウンセラーとの相談に発展していくこともあるでしょう。

しかし、実際問題は、先の例と後の例の中間の運営方針が取られることが一般的と思われます。つまり、相談室では悩み事の相談しかやらない、それでいて単なる生徒の溜り場にもしない、というこの中間です。それは、相談室の担当者と、学校事情によって個々に決められることではないかと思います。

ここも、教師カウンセラーのバランス感覚が必要とされるところでしょう。

筆者の相談室

参考までに、筆者の相談室をご紹介しておきます。

筆者の相談室は、前者のほうの運営方針であると思います。お茶の準備もしてありますが、これはクライエント（生徒、教師、親を問わず）のためではなく、相談室に来談するお客さん（同僚の教師、筆者を訪れる外部からの教師、カウンセラー、相談員など）のためです。したがって、相談室では原則として、飲食をしないことになっています。また、特定の生徒の居場所のような使い方もしませんので、筆者の相談室の中心は、クライエントと一対一のカウンセリングです。

しかし、これだけでは、非常に限られた対象しか相談室を利用できませんので、もっと「開かれた」相談室を考えて、先生方や一般の生徒も利用できるようにと工夫しています。

実際には、生徒へのカウンセリングは、予約制で授業後か空き時間（一回一時間を原則としています）に、親面接と担任へのコンサルテーションは空き時間（特に限定してませんが、親は一時間、担任は十分程度ということが多いようです）に、それぞれ実施しています。

一般生徒への対応は、昼の休憩時間に相談室を開放して、性格検査を初め、進路相談などごく日常的な相談にあたっています。もちろん、授業後も筆者が空いていれば飛び込みで来室してもＯＫとしています。しかし、「箱庭」は時間がかかるため、一般生徒であっても、授業後の予約制にしています。

また、週一回の相談チームの会（授業時間内）や、月一回の教師対象のカウンセリングの読書会（夜六時から九時）を開くのも相談室です。さらに、筆者はほぼ相談室に常駐していますので、筆者に用事のある、教科、クラス、クラブでかかわっている生徒は、ここに訪ねてくることになります。したがって、どのような時間帯であっても、生徒が相談室に気軽に出入りできるように心がけているつもりです。

相談室と相談室登校

最近は、不登校の生徒にかかわる手段として、保健室登校とともに、「相談室登校」を実施している学校が増えてきました（中学校は多くの学校にあるようですが、小学校や高校ではまだ少ないようです）。

これはこれで結構なことだと思いますが、もし、学校に相談室が一つしかないとしたら筆者は反対です。なぜなら、その生徒（たち）に相談室が独占されてしまうからです。相談室は、もっと多くの生徒に利用されるべきで、特に、深刻な相談をしたい生徒が、その空間を「安全で守られた」ものとして利用できることが必要です。もし教室に入れない生徒の居場所が必要ならば、相談室以外の部屋を確保すべきだと思います。

一番ニーズの高い中学校の場合を考えてみます。

筆者の知っている中学校の多くは、居場所（これにはよく○○ルームと名前がついています）と相談室の両方があり、文部省の事業である「心の教室」があります。さらに保健室が居場所的な意味をもっていることもあります。

このように、それぞれの場所が確保されていれば、その部屋の本来の目的を果たすことができ理想的でしょう。しかし、もしその学校の事情で相談室を確保することが難しいのであれば、少なくとも「居場所」をどこかの部屋に確保したり、相談室の代わりに是非「心の教室」を活用してほしいと思います。

相談室はカウンセリングを実施するという目的で利用したいものです（まちがっても、取り調べや謹慎のために利用しないように願います）。そうすれば、その部屋が、カウンセリング・ルームとして学校に定着することでしょう。

19　相談室のＰＲ

カウンセリングのニーズが多くて相談室が繁盛するというのも、素直に喜んでいいのかどうかわかりませんが、現実は、カウンセリング中心の相談室を運営した場合、来室が少なく閑古鳥が鳴いているという状況が多いようです。これを打開するためには、やはり、それ相応のＰＲが必要だと思います。

まず、年度初めに、生徒や親への相談室案内を文書で知らせることは必須です（内容は「悩みの相談」とするのではなく、「何でも相談」としたほうがよいと思います）。しかも、年に一回ではなく、保護者会などの機会に再度案内をすると効果的でしょう。あるいは、朝礼や生徒集会（学年集会）に時間をとってもらって、そこで相談室のＰＲをするのも効果があります（熱心な専任カウンセラーの方で、年度初めにＨＲの時間などに全クラスを回ってＰＲする、ということを聞いたことがあります）。

また、筆者は、月に一度生徒を対象に「相談室だより」を発行し、そこに生徒の精神健康に関しての啓発記事と同時に、相談室案内を載せています（これは、先生方が読んでもよいように意識しています）。

さらに、先生方に対しても相談室のＰＲは必要でしょう。特に、相談が軌道に乗るまではそうでしょう。「相談室だより」を先生方にも配布して読んでもらうことは、効果があるでしょう。また、相談の報告（数だけか、問題別の数でよいでしょう）を学期に一度程度するとか、希望者参加の研修会を企画するのもよいかと思います（筆者の所では、先述の読書会のほか、外部講師を呼んでの事例研究会を実施しています）。

このように、いろいろな機会を通して、先生方に少しでも相談室やカウンセリングに理解を深めてもらえるような努力は、欠かせないものだと思います。

20 相談の組織

筆者は、従来、学校に教育相談が定着しなかった理由の一つは、教育相談を個人プレーに留めていたことにあると考えています。つまり、教育相談を熱心な個人の努力でやっていたところがあり、その人は周りから浮いてしまったり、正当に評価されないでいたと思われます。そこで、教育相談の組織を学校にしっかりと位置づけることが必要であると考えています。

具体的には、相談部を独立した形で組織できれば理想的ですが、校務分掌とは独立した校長直属の相談チームとしてもよいでしょう。この構成員は、リーダー一人に養護教諭、各学年から一人ずつ（小学校では低中高を代表して）の、計五名くらいで適当かと思います。

また、理想は全員が担任をもたないことでしょうが、少なくとも、養護教諭を除いて二人は担任がないことが望ましいと思います（担任があるとなかなか身動きがとれませんので。もちろん、小中学校では難しいでしょうが、それだけの教員定数を増やしてほしいものです）。

そして、リーダーを中心に、学校の相談活動を展開していくわけですが、と同時に、こ会や事例研究会です）を実施し、学校全体のレベルアップを図っていくことが必要でしょう。そして、もしチームの構成員のうち、一人二人転勤になっても、チームとしての力量が維持されるようになれば、理想的です。

このリーダーにはまず資格を設けるべきで、例えば、「臨床心理士」（臨床心理士認定協会）、「学校心理士」（日本教育心理学会）、「学校カウンセラー」（日本学校教育相談学会）の資格をもった人を登用してはどうでしょう（嘱託で、退職校長を充てるということではうまくいかないでしょう。もちろん、その方が勉強されていてすでに資格をおもちであるということであれば、別ですが）。

そして、できるだけ、学校の異動を少なくしてもらいます。ある程度の年月をかけないと、その学校にカウンセリングを定着させることは難しいと思います。二、三年で転勤ということでは、スクールカウンセラー事業をみてもわかりますように、腰を据えた取り組みはなかなかできません。

さらに言えば、このリーダーは、授業やクラブ顧問をもたない「専任者」とすることが理想と思われますが、とりあえずは、授業数を減らして、午後の時間は相談活動の時間として確保されている（毎日午後は授業なしで空けておく）ことが、現実的かつ必要ではないかと思います。

21 研修

最後に、教師カウンセラーとしての力量をつける研修についてお話しします。「研修」と言いますと、公務出張で参加する講演や講義などをイメージされるかも知れません。もちろん、そのような研修にも積極的に出ていただきたいと思います。しかし、そのような研修はまず時間数が限られていますし（一日だけ二、三時間とか、せいぜい、年間で五、六回程度が多いようです）、研修をレベルアップしていくということにも、なかなか対応していないことが多いようです。

そこで、本当に力量をつけるならば、そうした研修以外にも積極的に参加してほしいと思います。種々の研究会や学会に入るとか、講座の受講生となるとかが考えられます。実際に、筆者の知っている人のなかで、例えば、愛知からわざわざ東京まで研修に通っている人を何人も知っています。

今の自分にこれが必要だと判断したら、時間と労力とお金を惜しまないということが必要なのでしょう。それだけの意気込みで受ける研修は、きっとその先生の血となり肉となって、力量をアップさせること間違いありません。

読書（会）

まずは、自分一人でもできる「読書」です。良き本や論文は、奥が深く、何度も読み返す価値がありますので、ぜひ自ら購入して読んでもらいたいと思います。その時、共感できるところや学ぶべきところに線を引いたり、あるいは自分の感想・意見を書き込んだりしていくとよいと思います。

問題は、どうやって良き文献に出会うかです。これが難しいですね。強いて言えば、少し古いですが、『カウンセラーのための一〇四冊』（氏原他、一九八七）が参考になるかもしれません。筆者も、『学校カウンセリングのための一〇〇冊』という冊子をかつて作り情報提供をしたことがあります。もちろん、ある程度の力量をもった方なら、自ら、なるべく広く直接にあたって、そのなかから自分の感性・直感にしたがって選んでいけばよいと思います。

また、参加希望者を募って、定期的な「読書会」という方法も考えられます。一人ではなかなか読めない本が読めたり、みんなでディスカッションしながら読むと、思わぬ発見をしたりします（筆者は、相談室で月に一回夜、お茶とお菓子を食べながら気楽にできる読書会を十年以上続けていますし、別の会では、より専門的な本の読書会を教師とカウンセラー半々のメンバーで、やはり月に一回実施しています）。

事例研究

次に、何といっても「事例研究」でしょう。従来、学校における事例研究というと、事例そのものを指していたり、あるいは、短時間の単なる「事例報告会」に終わってしまっていることがありました。

事例研究とは、事例研究会で、一回最低二時間は確保して、一つの事例を、発表に一時間、討論に一時間程度で、細かく研究する機会です。これは、文献を読んだり、講演や講義を聞いたりするのとは異なり、「生の」事例について勉強する機会なのです。

前にも述べましたが、教師カウンセラーは、「治療的カウンセリング」の臨床経験がなかなか蓄積していかないので、この事例研究を通していろいろな事例を間接的でも知ることは、カウンセリングの力量を高める一番のトレーニングかと思います。

具体的には、事例を通して、その問題（病理）について理解を深め、自分なりの理解や見立てを、他の人のそれと比較したり、面接場面の記録のなかの応答から、クライエントの気持ちやカウンセラーの反応などについて、理解に努めたり、自分なりの反応を検討するのです。このような作業からは、本当に学ぶべきものがたくさんあります。ただ漫然と事例発表を聞いているだけでは、もったいないと思います。

また、「事例研究」が定期的に開けるように、有志が集まって事例研究会を作ることも大切です。この時、心理（精神医学）の専門家が、指導・助言者として入っていることが望ましいと思います。何よりも、その専門性が役に立ちますし、教師カウンセラーという立場とは異なる視点が入ることに意味があると思います。

さらに、研究会を通じて、教師カウンセラーのグループが自然に形成されるので、そこに仲間意識が生まれ、個々の教師カウンセラーがこれに支えられるというメリットもあります（筆者は月に一回開催するこのような事例研究会を、ここ十年程主催していますが、現在会員は百名を越え、毎回二十〜三十名程が参加しています）。

スーパーヴィジョン

もう一つは、「スーパーヴィジョン」です。

「スーパーヴィジョン」とは、カウンセラーが自分の事例について、自分より力量のあるカウンセラーに指導・助言を受けることです。したがって、異種の専門家（よく教師は教育の専門家で、カウンセラーは心理の専門家と区別されます）による助言である「コンサルテーション」とは区別されます。

このような制度は、学校外部の心の専門家においては常識ですが、学校カウンセリングとなると、その学校で教師カウンセラーが一人しかいないとか、あるいは、教育相談部として独立していても、メンバーの力量が皆ほとんど初心者レベルであったりで、なかなか

「スーパーヴィジョン」を受ける機会は、身近にはないのが現状でしょう。

しかし、これなくしては、教師カウンセラーは絶えず不安に怯えながら、カウンセリングを実践することになります。逆に、この制度があれば、教師カウンセラーももっと活躍できるのではないかと思います。

実際に、筆者の知っている範囲でも、比較的初心の教師カウンセラーが、よき指導者に巡り合ってスーパーヴィジョンを受けられることになったため、治療的カウンセリングの事例をいくつも実践し、よい結果を出している例もあります。

したがって、ぜひとも、教師カウンセラーが身近なところで利用できる「スーパーヴィジョン制度」を整備すべきで、しかも火急の問題と思われます。

筆者のアイディアは、現在全国で活躍しているスクールカウンセラーに、教師カウンセラーのスーパーヴァイザーとしての機能をもっと果たしていただくことです。

V

まとめと三つのレベル

それでは、ここで、これまでにお話しした、学校カウンセリングの各技法や問題点を整理し、これに若干の補足をしたいと思います。

1　二十一の技法の問題点

これまで、かなりのスペースを使い、筆者が治療的学校カウンセリング論として必要と思われる、二十一の技法の問題点についてお話ししてきました。

ここに再度ご紹介しますと、「1　構造」「2　聴く」「3　受容と共感」「4　わかる」「5　表現する」「6　転移・逆転移」「7　曖昧さに耐える能力」「8　接点」「9　関係継続」「10　バランス感覚」「11　能動性」「12　笑い」「13　心理検査」「14　記録」「15　母親面接」「16　訪問面接」「17　連携と秘密の保持」「18　相談室の運営」「19　相談室のPR」「20　相談の組織」「21　研修」となります。

こんなにたくさんあったのでは、なにから身につけていいのかわからない、という方もいるのではないでしょうか。もちろん、すべてを同時に意識して実践することは至難の業でしょう。そこでこれらの技法などを、筆者なりに整理して便宜的に三つに大別し、それぞれ、初級、中級、上級レベルとします。

これから、治療的学校カウンセリングを意識して取り組んでいこうとお考えの方に、ご参考にしていただけたらと思います。あるいは、すでに取り組んでいる方には、これらを一つの指標、基準としてとらえていただき、自分がどのレベルのことをやっているのか、これから何をやればよいのか、という問題のご参考になればと願っています。

ベテランと言われている教師カウンセラーも、初めは皆初級者だったのです。何をどうすればいいのかわからないまま、熱心さでもって、無我夢中で実践してきたのではないでしょうか。その熱意は評価できますが、現在ではかえって危険でさえあります。それは、これまでにもお話ししたように、現在では、子どもの問題が多様化、複雑化しているからです。このような時代に熱意だけでかかわるのは、問題解決に至らないばかりか、一人浮いてしまって同僚から迷惑がられるのではないかと危惧されます。

そこで、技法をしっかりと押さえた上で、着実に学校カウンセリングを実践することが大切ではないかと思います。

2 初級レベル

まずは、初級レベルとしては、「聴く」「接点」「関係継続」と、この三つの技法を推薦したいと思います。

わずか三つでいいのだろうか、と心配される方もいることでしょう。しかし、まずはここから始めてみてください。初めから、あれもこれも求めようとするのは無理ですし、また、力量がついてからそのうちなどと言っていると、結局いつまでたっても学校カウンセリングを始めることができません。

若干の補足説明をしておきたいと思います。

「聴く」は、何よりもまず、カウンセリングの原点です。これが、すべてのレベルのベースになることは言うまでもありません。

まずはクライエントの言うことを「聴く」ことです。そして、難しい「見立て」ができなくとも、クライエントの気持ちに寄り添っていき（ここである程度、共感や受容が登場しますが）、目標としてまずは「関係継続」を考えます。

学校カウンセリングの対象となるクライエントは、子どもであれ親であれ、一般に健康度が高いので、その「関係継続」に支えられて、具体的にどういうことがカウンセリング内で行われたかがはっきりしなくとも、問題解決に至ることがあるでしょう（この場合、なぜだかよくなってしまった、という印象でしょうか）。

つまりよく「聴く」こと、「関係継続」することで、クライエントは情緒的に支えられ、自己解決する能力が高められると考えられます。その「関係継続」ができるためには、何でもＯＫです。例えば、日常的な話題に終始しても、単なるおしゃべりであっても（これがそもそもできないクライエントもいます）。ひょっとすると、不登校の子どもの場合には、一緒にテレビゲームをするということが続くかもしれませんが、これもＯＫです。

しかし、この時、おとなしいクライエントで、自分からはほとんど話さないこともあるでしょう。この場合に「接点」を活用することになります。

筆者の経験によりますと、学校カウンセリングでは、ほぼ七割か八割は、このようなレベルでのカウンセリングで対処できると思われます。ただし、一つ注意すべきことがあります。初級では、クライエントについて「見立て」る力量が、ほとんどないわけですから、少しでも迷ったら「スーパーヴィジョン」を受けることが必要です。

3　中級レベル

次に、中級レベルとしては、「構造」「受容と共感」「曖昧さに耐える能力」を挙げたいと思います。

中級ということは、既にある程度の学校カウンセリングの実績があるということだと思います。数でいえば、治療的カウンセリングの事例が三十を越えた程度でしょうか。

ここでいう事例とは、ちょっと話を聴いたという事例は除き、研究会などで事例発表ができる程度の事例を言います。

三十というのは、外部専門機関のカウンセラー（一年でこれ以上の数があるでしょう）と比べるとずいぶん少ない気もしますが、学校という場を考えるとこれくらいかと思います。経験年数的には、たぶん、四、五年くらいを想定していますが、人によっては十年（一年で三事例として）ということもあるでしょう。

このレベルの教師カウンセラーは、たぶん、現実的な、生のクライエントとのかかわりのなかで、自分自身がいろいろな葛藤・悩みを経験しているはずです。力量的には、ある程度難しい問題を抱えたクライエントに対しても、何とか対処できるようになっていることでしょう。

そのためには、教師カウンセラーとしての「役割」が明確になっており、これが「内的構造」として、また、実際に面接を規定する時間や場所という「外的構造」とも合わせて、自分自身を守るとともに、クライエントを「かかえる」（まるがかえではなく、ほどよくかかえること）条件を整えることが必要です。

逆に、ある程度難しいクライエントに対しては、「構造」がなければ、カウンセリングは、無理か、行き詰まることでしょう。したがって、この「構造」の意味と意義を理解できていること、そして実際に、限界がありながらも「構造化」した面接をしていること、が中級以上にはもっとも中心的な条件であると、筆者は考えています。

また、実際の面接においては、クライエントの情緒の機微にもヴィヴィッドに反応できる「受容と共感」能力が相当高まっているでしょう。さらに、安易に、早急な、その場しのぎ的な解決に流れることなく、クライエントの「変容」への可能性を信じて、「曖昧さに耐える能力」も相当発揮できているはずです。

4　上級レベル

最後に、上級レベルとしては、「わかる」「表現する」「転移・逆転移」「バランス感覚」「能動性」を挙げておきます。

このレベルでは、相当な学校カウンセリングの実践を積んでおられるはずで、自分なりのスタンスがある程度は確立しているでしょう。一つのカウンセリングの理論に相当馴染んで、その関係の資格をもっていることもあると思います。数でいえばたぶん、「治療的カウンセリング」の事例が百を越えた程度でしょうか。経験年数では、十年以上を想定しています。

このレベルになると、心理学的知識が単なる知識にとどまらず、その知識が実際のカウンセリングの経験と合わさり、いろいろな心理学的問題への理解が相当深まっているだけでなく、クライエント、およびクライエントとカウンセラーの関係、あるいはカウンセラー自身についても、無意識レベルまで含めた考察ができるようになっていることでしょう。

したがって、クライエントの問題を相当深いレベルで「わかる」（「見立て」も含めて）ことができ、「転移・逆転移」という概念も実際の臨床で生きたものとなっています。もちろん、意識レベルでの交流もより洗練されており、カウンセラー側からクライエントに、より適切な言語的な働きかけを「表現する」ことができるようになっています（もちろん、このなかには、「解釈」など、無意識レベルの問題を言語表現することも含まれています）。また、「構造」については、原則として守るということは変わりませんが、事例によってかなり柔軟に対処できて、時には、必要に応じてカウンセリングの原則を外れて、思い切った行動（多くの場合、「能動性」を発揮する、あるいは、ユング流に言えば「父性原理」を発揮するとも考えられます）が取れるようになっていると思います。

さらに、自他ともに、「治療的カウンセリングができる教師カウンセラー」と認めていますので、学校内で浮き上がることもなく、種々の問題に適切に対応できる「バランス感覚」にも優れていることでしょう。

以上に加えて、あとは「心理検査」と「母親面接」と「訪問面接」をオプションとして実施できればよいと思います。これらは、どのレベルの方でもよいと思います。それぞれのレベルに応じた実施が可能です。三つのレベルに分類した以外の、その他の技法などについては、あえて分類していませんが、大切ではないということではありませんので、ぜひ、それぞれできることから取り組んでいただきたいと思います。

おわりに

以上、筆者が現段階で考えるところの、学校カウンセリング論を展開してきました。まだまだ十分論じきれていないところがあると思いますし、抜け落ちている点もあるかと思います。しかし、せっかく学校カウンセリングとはどうあるべきか、という気運が高まってきたところなので、筆者なりにまとまったものを提示しておきたいと考えました。

また、今回、あえて「治療的」という言葉を前面に出して使用しました。

従来、学校カウンセリングに、「治療」という言葉そのものがなじまない、という意見が多かったように思います（筆者もその一人でした）。しかし現在、「カウンセリング・マインド」や、少しカウンセリングをかじったあとは熱意でなんとかなる、というような考えでは、とても対処しきれないほど子どもの問題が複雑化・多様化してきています。

そこで、これらとの違いを明確にするためにも、また教師カウンセラーが「プロ意識」をもつべきだとの願いも込めて、「治療的」という言葉にこだわってみました。

さて、今現在、教師カウンセラーの多くは、なんら身分保証もなく、教科指導、あるいは種々の校務分掌の仕事をしながら、優遇措置（例えば、授業時間数を減らすとか、他の仕事をなくすとか、クラブ指導をなくすとか）もほとんどないまま、孤軍奮闘してカウンセリングを実践しているのが実情でしょう。

筆者は、このような状況を何とか改善していかないと今後の学校カウンセリングの発展はありえないと思います。びっしり詰まった授業や仕事の、わずかな合間に片手間にできるほどカウンセリングは甘くありません。

さらに望むならば、教師カウンセラーを養成するための研修制度と、これは本論のなかで論じましたが、教師カウンセラーをサポートするスーパーヴィジョン制度を、是非とも早急に整備してもらいたいものです。

しかしながら、不満足な現状を嘆いているばかりではしかたありません。肝心なのは、今、我々教師カウンセラーに何ができるのかであり、できることがあれば今からでも始めることでしょう。

具体的には、すでにお話ししましたように、まずは、教師カウンセラー自ら、力量をつけるような自己研修を積極的に求めることです（専門書を読む、研修会への参加）。次に、有志参加の読書会や事例研究会であり、現在身近にないものは、自ら作ろうという気概が必要でしょう。

最後に、本書が、読者の皆様、学校カウンセリング、教師カウンセラーあるいはスクールカウンセラーの方に、何らかの指針や展望を示す一助となれば、幸甚です。

参考文献

・愛知県学校教育相談事例研究会　一九九七『学校教育相談事例研究1』
・愛知教育大学教育実践総合センター　一九九九『教育臨床事例研究　創刊号』
・Albert Ellis, Robert A. Harper　一九七五、一九六一　A New Guidto Rational Living, Prentice—Hall Inc., Englewood Cliffs, N. J.　国分康孝・伊藤順康訳一九八一『論理療法』川島書店
・D. W. Winnicott.　一九六五　The Maturational Processes and the Facilitation Environment, The Hogarth Press Ltd., London.　牛島定信訳　一九七七『情緒発達の精神分析理論』岩崎学術出版社
・神保信一　一九七五『学校相談心理学の展開』金子書房
・東山紘久　一九八三「学校カウンセリングの諸問題」氏原　寛・倉戸ヨシヤ・東山紘久編『臨床教育心理学』創元社　242—256
・弘田洋二　一九八六「教育とカウンセリング」丹下庄一編『カウンセリングと家庭教育』創元社　135—155
・古屋建治　一九九〇「力動的技法」安香　宏・小川捷之・河合隼雄編『心理臨床学大系第14巻　教育と心理臨床』金子書房　140—164
・池田豊應　一九九七『不登校その多様な支援』大日本図書
・石隈利紀　一九九五「スクールカウンセラーと学校心理学」村山正治・山本和郎編『スクールカウンセラーその理論と展望』ミネルヴァ書房　27—42
・石隈利紀　一九九九『学校心理学——教師・スクールカウンセラー・保護者のチームによる心理教育的援助サービス』誠信書房
・岩崎徹也他編　一九九〇『治療構造論』岩崎学術出版社

・Kalff, D. M.　一九六六　Sandspiel—Seine therapeutishe Wirkung auf die Psyche. Rascher Verlag, Zürich und Stuttgart.　河合隼雄監修　大原貢・山中康裕訳　一九七二『カルフ箱庭療法』誠信書房

・加勇田修士　一九九八「論理療法に学ぶ」『月刊学校教育相談　一月号』ほんの森出版　30—35

・加藤純一　一九九六「高校生の登校拒否事例の事後経過—その後の進路状況を中心にして—」『日本学校教育相談学会研究紀要　第五号』30—37

・加藤純一　一九九七『親面接のポイント』ほんの森出版

・加藤正明・保崎秀夫・笠原嘉・宮本忠雄・小此木啓吾編　一九七五『精神医学事典』弘文堂

・河合隼雄　一九七〇『カウンセリングの実際問題』誠信書房

・河合隼雄　一九九一『イメージの心理学』青土社

・河合隼雄　一九九五『臨床教育学入門』岩波書店

・河合隼雄　一九九六「日本語と日本人の心」大江健三郎・河合隼雄・谷川俊太郎『日本語と日本人の心』岩波書店　1—70

・小泉英二　一九九〇「治療的カウンセリングと開発的カウンセリング」小泉英二編著『学校教育相談・初級講座』学事出版　16—21

・国分康孝　一九七六「折衷的立場の必要性」国分康孝・米山正信『学校カウンセリング』誠信書房　12—18

・國分康孝　一九九〇「これからの学校カウンセリング—今日的課題—」『児童心理　十月号臨時増刊』金子書房　9—21

・國分康孝編　一九九九『学校カウンセリング』日本評論社

・近藤邦夫　一九九五「スクールカウンセラーと学校臨床心理学」村山正治・山本和郎編『スクールカウンセラーその理論と展望』ミネルヴァ書房　12—26

・前田重治　一九七八『心理療法の進め方—簡易精神分析の実際』創元社

・松木邦裕　一九九六『対象関係論を学ぶクライン派精神分析入門』岩崎学術出版社

・文部省　一九八一『生徒指導の手引き(改訂版)』

・文部省　一九九〇『学校における教育相談の考え方・進め方―中学校・高等学校編』生徒指導資料第21集・生徒指導研究資料第15集

・文部省特殊教育課内特殊教育研究会編著　一九九三『通級による指導の手引』第一法規

・文部省　一九九七『中等教育資料　平成九年十二月号臨時増刊』

・森谷寛之　一九九五『子どものアートセラピー――箱庭・描画・コラージュ』金剛出版

・諸富祥彦　一九九九『学校現場で使えるカウンセリング・テクニック　上・下』誠信書房

・村山正治・山本和郎編　一九九八『臨床心理士のスクールカウンセリング3　全国の活動の実際』誠信書房

・長尾　博　一九九一『学校カウンセリング』ナカニシヤ出版

・長坂正文　一九九四「学校カウンセリングにおける時間と場所について」平成六年度夏期研究研修員研究報告書2　愛知県教育センター　688―703

・長坂正文　一九九六「登校拒否事例への訪問面接の方法と問題」『日本学校教育相談学会研究紀要　第五号』48―54

・長坂正文　一九九七「登校拒否への訪問面接―『死と再生』のテーマを生きた少女」『心理臨床学研究　第一五巻三号』237―248

・長坂正文　一九九八a「治療的学校カウンセリング論の展開」日本学校教育相談学会第2回学会認定学校カウンセラー研修会資料

・長坂正文　一九九八b「学校内カウンセリングの諸問題―教師カウンセラーの立場から」『心理臨床学研究　第一五巻六号』611―622

・長坂正文　一九九八c「教師カウンセラーの立場から―1」氏原　寛・村山正治編『今なぜスクールカウンセラーなのか』ミネルヴァ書房　67―88

・長坂正文　一九九八d「登校拒否女子生徒への訪問面接―絵本を接点としたかかわり―」『学校教育相談

研究　第七・八合併号』90—96

・長坂正文　一九九九a「教師カウンセラー固有の専門性」『愛知県立豊野高等学校研究紀要　第一三集』72—77

・長坂正文　一九九九b「家庭訪問の基本的なルール」『月刊学校教育相談　十一月号』ほんの森出版　6—9

・長坂正文　一九九九〜二〇〇〇「治療的学校カウンセリングの試み　第一回〜第十二回」『月刊学校教育相談　四月号〜十二月号』ほんの森出版

・長坂正文　二〇〇〇「教師カウンセラー」氏原　寛・成田善弘編『臨床心理学3　コミュニティ心理学とコンサルテーション・リエゾン—地域臨床・教育・研修—』培風館　171—178

・西村洲衛男　一九九四「学校現場の中で『カウンセリング』をどう位置づけるか」『児童心理　八月号臨時増刊』金子書房　19—26

・小此木啓吾　一九七六「青年期精神療法の基本問題」笠原　嘉・清水将之・伊藤克彦編『青年の精神病理1』弘文堂　239—294

・小此木啓吾　一九九〇「治療構造論」小此木啓吾・成瀬悟策・福島　章編『心理臨床学大系第一巻　心理療法1』金子書房　38—63

・大野精一　一九九六『学校教育相談—理論化の試み』ほんの森出版

・大野精一　一九九七『学校教育相談—具体化の試み』ほんの森出版

・小澤美代子・小泉英二・大野精一・佐藤　敏一九九八「治療的学校教育相談をめぐって」『月刊学校教育相談　一月号』ほんの森出版　84—92

・Robert R. Carkhuff　一九八七　The Art of Helping VI, Sixth Edition, Human Resource Development Press, Inc.国分康孝監修　日本産業カウンセラー協会訳　一九九二『ヘルピングの心理学』講談社現代新書

・定金浩一　一九九六「高等学校におけるブリーフ・カウンセリングに関する研究」『日本学校教育相談学

会研究紀要　第六号』4―11
・坂本昇一　一九九四「『学校カウンセリング』とは何か」『児童心理　八月臨時増刊』金子書房　3―10
・鑪幹八郎　一九九八『夢分析と心理療法』創元社
・鑪幹八郎監修　一丸藤太郎・名島潤慈・山本力編　一九九八『精神分析的心理療法の手引き』誠信書房
・氏原　寛　一九九二「共感について」氏原寛・東山紘久『カウンセリング初歩』ミネルヴァ書房　190―194
・氏原　寛・東山紘久・村瀬孝雄・山中康裕編　一九八七『カウンセラーのための一〇四冊』創元社
・氏原　寛・成田善弘編　一九九七『転移／逆転移―臨床の現場から―』人文書院
・下山晴彦　一九九四「『つなぎ』モデルによるスチューデント・アパシーの援助『悩めない』ことを巡って」『心理臨床学研究　第一二巻一号』1―13
・上地安昭　一九八四『時間制限心理療法の理論と実際』金剛出版
・薮添隆一　一九九二「ドライブ法」東山紘久・薮添隆一編『システマティックアプローチによる学校カウンセリングの実際』創元社　238―246
・山本和郎　一九九六「コミュニティー心理学の視点から―コンサルテーションの理論と方法」大塚義孝編『スクールカウンセラーの実際　こころの科学増刊』日本評論社　30―36
・山中康裕　一九七八『少年期の心　精神療法を通してみた影』中公新書
・山中康裕　一九九六『臨床ユング心理学入門』ＰＨＰ新書
・山中康裕　一九九九ａ「ＭＳＳＭ＋Ｃ法」『現代のエスプリ　三六八』至文堂　84―89
・山中康裕　一九九九ｂ『心理療法と表現療法』金剛出版
・山下一夫　一九九九『生徒指導の知と心』日本評論社
・吉田弘道・伊藤研一　一九九七『遊戯療法　二つのアプローチ』サイエンス社

あとがき

本書の成立する経緯をお話しします。

筆者は、学校で教師カウンセラーとして活動してきたことはすでにお話ししましたが、ここからつかんだものを、なんとかまとめてみたいと考えておりました。筆者の立場では、これも本文で触れましたように、カウンセリングマインドや予防的・開発的カウンセリングにも十分意義を認めますが、教師カウンセラーが行う「治療的カウンセリング」を大切にしたいと考えています。

そこで、平成十年二月に、「治療的カウンセリング」を見据えた、筆者なりの学校カウンセリング論を打ち出してみようと試みましたのが、「治療的学校カウンセリング論の展開」(長坂、一九九八a)という原稿用紙一三五枚分の論文(主旨は学校における独自の治療的かかわりを明確に位置づけること)でした。幸い多くの方から好意的なご意見をいただき、〝ああ、このようなことが必要なんだ〟と意を強くいたしました。

それが、ほんの森出版の佐藤敏氏のご厚意で(実は、筆者が佐藤氏に原稿を送りつけたものを、採用していただけたという経緯があるのですが)、平成十一年四月から、十二回に分けて『月刊学校教育相談』に連載していただけることになりました。もちろん、連載にあたって、元の論文を大幅に書き改めています。一般の読者の方に読み易いようにと考えましたことと、中心となる「技法」につきましては、具体的な事例を盛り込みわかり易くなるように心がけたからです。

それを、さらに今回、佐藤氏に、一冊の本にまとめる機会を与えていただきました。筆者としましても、毎回の連載のなかでは少し書き足らないかなという気持ちをもっていましたので、まさしく千載一遇の好機を得た感じです。そこで、再度、大幅に加筆訂正をしまして（特に、具体的な方法の紹介や事例を増やすなど、より実際に役立つように配慮しました）、本書ができあがったわけです。

だいたい、最後の最後には、本音が出てくるもののようですが。筆者は、もともと臨床心理学を専門としておりました。学校に勤めましてからも、絶えず臨床心理を意識して活動（カウンセリングや研修会など）を行ってきました。しかし、専門家集団のなかにあっては、筆者はいつも「教師＝カウンセリングの素人」でしかありませんでした。そこで、自分の置かれている環境（学校）のなかで、専門性をもったカウンセラーとしてのアイデンティティをいかに確立するか、ということが筆者の課題と考えてきたわけです。

ですから、本書は、そんな筆者の、自他に対するカウンセラーとしての証（あかし）のような意味をもっています。それで、つい熱くなったり、多少（ずいぶん）辛口の記述をしてしまったところがあるかもしれません。もし、気分を害された方がおられれば、ご容赦願いたいと思います。ただ、あるものごとを明確にするためには、切り捨てなければならないものがあるのも、当然といえば当然とも考えますが。

本書をご覧になって、どのような感想をおもちでしょうか。皆様に刺激となったり、お役にたてるところがありましたでしょうか。どうか、皆様の忌憚のないご意見をお聞かせ願えれば幸いと思います。

また、本書が刺激となって、少しでも、より多くの「教師カウンセラー」というアイデンティティに目覚めていただける方が増えますことを願っております。

最後に、本書の成立にかかわり、連載中はいつも的確な助言をいただいた、ほんの森出版の佐藤敏氏と、筆者を今日までご指導いただいております恩師の方々、特に、椙山女学園大学の西村洲衛男先生と、カウンセリングを通じて筆者を成長させてくださった多くのクライエントの方々に感謝いたします。

平成十二年三月

著者　長坂　正文

〈著者紹介〉
長坂　正文（ながさか　まさふみ）
〔**略歴**〕 1957年、愛知県に生まれる。1984年、愛知教育大学大学院発達臨床心理学専攻修了後、愛知県立高等学校教諭となる。現在、愛知県立豊野高等学校教諭、教育相談を担当。日本学校教育相談学会認定学校カウンセラー。日本心理臨床学会、日本教育心理学会、日本学校教育相談学会、日本箱庭療法学会会員。

〔**著作**〕（いずれも分担執筆）『今なぜスクールカウンセラーなのか』1998 ミネルヴァ書房、『臨床心理学３　コミュニティ心理学とコンサルテーション・リエゾン―地域臨床・教育・研修―』2000　培風館、その他、月刊学校教育相談、日本学校教育相談学会誌、心理臨床学研究、教育臨床事例研究などに論文を執筆。

学校カウンセリングの基本技法

2000年５月30日　初版

著　者　長坂　正文
発行者　佐藤　　敏
発行所　ほんの森出版株式会社
〒190-0022　東京都立川市錦町2-1-21-501
☎042-548-8669　FAX042-522-1523

印刷・製本所　電算印刷株式会社

ISBN4-938874-13-X C3037